爆文制造

BAO WEN ZHI ZAO

虢雪 —— 著

江苏凤凰文艺出版社
JIANGSU PHOENIX LITERATURE AND
ART PUBLISHING

图书在版编目（CIP）数据

爆文制造 / 虢雪著. -- 南京：江苏凤凰文艺出版
社, 2021.1
ISBN 978-7-5594-5490-4

Ⅰ.①爆… Ⅱ.①虢… Ⅲ.①汉语 - 写作 Ⅳ.
①H15

中国版本图书馆CIP数据核字(2020)第241322号

爆文制造

虢雪　著

责任编辑　李龙姣
策划编辑　雷　娜　洪紫玉　陆　洁
版式设计　姜　楠
出版发行　江苏凤凰文艺出版社
　　　　　南京市中央路 165 号，邮编：210009
网　　址　http://www.jswenyi.com
印　　刷　唐山富达印务有限公司
开　　本　880 毫米 × 1230 毫米　1/32
印　　张　8
字　　数　180 千字
版　　次　2021 年 1 月第 1 版
印　　次　2021 年 1 月第 1 次印刷
书　　号　ISBN 978-7-5594-5490-4
定　　价　48.00 元

江苏凤凰文艺版图书凡印刷、装订错误，可向出版社调换，联系电话025-83280257

目 录
Contents

第一部分
结构篇

第二部分
叙事篇

第三部分
素养篇

"写好"一篇文章，比写一篇"好文章"更重要
——"场景化写作"的反思

2015 年，我在《读者》微信公众号发了自己的第一篇文章，我和《读者》的缘分，也就此开始。一年后，我进入《读者》新媒体，成了一名"小编"，再到后来开始负责《读者》新媒体写作成长训练营这个项目，一晃快 5 年了，这 5 年里，我一直在问自己一个问题：

在当下这个移动互联网时代，好的写作的标准是什么？

很难想象，10 年前，在中国会有上千万人注册属于自己的自媒体平台进行写作。现在，这一切都成了一种日常，实在让人感到惊叹。

初入大学的学生，陷入焦虑的中年人，赋闲在家的家庭主妇，想成为"斜杠青年"的白领精英……无论你年龄几何，也无论你身在"北、上、广、深"，还是四线小城，甚至，无论你的目的是什么，你都可以写作，有的人仅仅是喜欢，将其作

为一种生活的调剂；有的人希望写作能让自己一夜成名；有的人希望通过写作让自己多一份收入来源……无论是哪一种初衷，写作似乎正在成为一门自我增值的手艺。

通过写作，地域、年龄、性别和背景这些固有的障碍统统被打破。

再普通的人，也能成为文字的英雄。

也许，这就是写作的意义当中最感人的一条吧。

如果想要成为一个平凡的文字英雄，那就要搞清楚上面的那个问题。

在当下这个移动互联网时代，好的写作的标准是什么？

我的答案是：场景化写作。

什么是场景化写作？我用了一本书的篇幅来论述。如果简单地概括一下，场景化写作就是：让文字从抽象的变成具体的具有画面感的写作；让场景从散点的叙事变成焦点的叙事。

这是新媒体写作的一种相对较好的写作方法，已经过两年多、八期训练营上万学员的验证，而且场景化写作与纯粹鼓动情绪和博关注的一些新媒体写作是不同的。

为了尽可能阐述清楚这种写作方法，而不是空谈概念，我在书中所用到的案例，几乎全都是来自优秀学员在千万级用户量的平台上发表的作品，以及这些作品在修改时的具体痕迹。这些痕迹毫无疑问是非常重要的，它们直接反映了变化的逻辑，揭示了变化的原因，是不可多得的、翔实确切的一手资料和参考资料。

但是，又有一个问题，掌握了这些就能像其他人所说的那样，写出"爆款"文章吗？

当然不能。

不是每个人都能写出"爆款"文章，事实上，对于一个普通写作者，"爆款"的意义并不大，相比于如何写一篇"好文章"，我想，不如把心思花在如何"写好"一篇文章上来。

写作这件事有没有做好，完全可以拆开了掰碎了剖析，如：能不能写一个标准的新媒体标题，搭建一个扎实的文章框架，切入一个观点独特的选题点，抓取一个有效的素材内容，讲好一个简洁有力的故事……这才是一个写作者需要去考虑的最基本的事。

我想起了一个刚入写作成长训练营的学员。她写了三千多字，让我帮她提建议，我让她先删掉其中的一千五百字，她不依，跟我说："老师，我实在是没法删，我觉得每段话都很重要，我都很满意。"

我问她："既然文章这么好了，为什么始终没人看？而你为什么来学习？"

她不说话了，老老实实回去删稿子。后来，这个学员从成长训练营中脱颖而出，成了我的签约作家，还出版了自己的畅销书，她的文章在一个月时间里上了两次《人民日报》微信公众号，连上两天"十点读书"微信公众号的头条，这个学员就是畅销书作家狮小主。

还有一个学生，一篇文章题目改了几十次，内容前前后后大改了有七次，小修小改的就数不清了，她自己一度都想要放弃，最后定稿时，几乎都不认识自己的这篇文章了。最终，这篇文章登上了《读者》微信公众号农历大年初一的头条。

"老师，我想上头条，我想用最好的资源位置出名！"

"如果你连最起码的写作方法都没有掌握，就是给你这些资源，你又能做什么呢？没有一个读者会将就一个作者。要先做好分内的事情，再去想别的。如果想要名利，首先得想自己有没有这个能力。"

尽管"爆款"有时候要靠运气，但前提是你要有足够扎实的基本功。写好一篇文章是有方法可以学习借鉴的，但是如何写"爆款"，我真不觉得有什么科学的方法，**"爆款"的前提是基本款，根基永远是前提。**

从事写作和教学这些年，我的写作观一直非常朴素。

语言是否有画面感、美感和温度；观点是否有新意，有逻辑，有关怀。

所有的一切，"爆款"也好，大热点也好，都是在这个基础之上再去做锦上添花和突破的。

我希望大家能通过场景化写作，能让文字和这个时代有更深的咬合。

这便是我写这本书的初衷。

貔雪

结构篇

第一章

"我为什么被吸引"：好的标题，都遵循这些标准

网络上有一个很有意思的关于猫的段子：

猫的反应速度是猫的七倍。

用来说明猫的反应速度之快。

这种表达很有趣。很显然，我也想借鉴这种形式，来强调一个概念：

在写作的各个核心环节当中，标题的重要性，仅次于标题本身。

先来看一则关于取标题的经典案例：

哪个女性会愿意她的牙齿上有暗黄的牙垢呢？白速得能赶走牙垢！

这是 19 世纪初"白速得"（Pepsodent）牙膏的广告语，创造这则广告语的是日后誉满全球的广告营销大师克劳德·霍普金斯（Claude Hopkins）。在这则广告登出来之前，几乎没有人知道白速得牙膏，可仅仅三个星期之后，白速得牙膏的订单暴增，此后 30 年间，白速得始终是美国人最喜欢的牙膏品牌。

顺便提一嘴，这则广告语为霍普金斯赚了一百万美元！

最可气的是，霍普金斯在他的自传《我的广告生涯》中大篇幅地诉说钱多到花不完的烦恼。如果你想体验这样的"烦恼"，那么，从现在起，务必把**"在写作的各个核心环节当中，标题的重要性，仅次于标题本身"**这句话，牢牢记在心里。

过去的几年时间里，我和《读者》新媒体的内容团队针对将近两千篇优秀的新媒体文章做了一系列的课题研究，这里只谈有关于标题的部分。

两千个优秀的标题，经过归纳总结，被分为五大范式、三大原则和三个经典公式。

标题的"五大范式"

范式一：数字呈现式标题

因为《舌尖上的中国》系列纪录片爆红的章丘铁锅，就深谙合理运用数字之道，在所有的广告语和文章标题之中，最吸引我的有一条：

章丘铁锅——《舌尖上的中国》爆红的章丘铁锅，纯手工锻打 36000 锤。

简洁而有亮点。最重要的是，它会给人一种感觉：这口锅之所以爆红，有《舌尖上的中国》的背书，都是因为这 36000 锤的缘故。

那么数字代表了什么呢？它代表了内涵、吸引、关联、悬念……一系列将抽象变得具体化的概念。

之前有个新学员，着急投稿，给我邮箱里发了他的文章，文章的标题叫《家里带孩子半个月有感》，不管这篇文章内容的好与坏，这个标题就已经让人没有看下去的欲望了，一点儿欲望都没有，纯粹是写日记、"自嗨"，没有给我读这篇文章的任何预期和理由——你带孩子，跟我有什么关系？没有关系。

没有建立和读者的关系，这是要命的事情。不能你自己"有感"，而读者"无感"，只有"感觉"相通了，才会勾起读者阅读的欲望。

其实这个标题稍加改动就能起到不一样的效果。例如改为：

《在家带了半个月孩子，我明白优秀的父母都在做三件事》

读者会想是哪三件事呢？看！跟读者的情感关联建立起来了，好奇心被调动起来了，悬念有了，你的标题就成功一半了。如果我们可以在此核心基础上再加入一些亮点，就会起到锦上添花的作用。例如下面的第二种标题范式。

范式二："新观点"式标题

《在家带了半个月孩子，我明白优秀的父母都在做三件事》这个标题吸引力有了，内涵也有了，但总觉得少了些什么。少了什么呢？刺激。

例如，我们将这个标题再进行修改：

《"在家带娃崩溃"上热搜：优秀的父母从不做这三件事》

很显然，通过一个热点的介入，起到了很好地烘托氛围的作用，同时满足了读者想凑个热闹、找点儿刺激的要求。这样的标题更加吸引人。

所谓的"新观点"，就是"新闻事件概括＋观点口号"的简称。

这是一种复合式的标题，前半部分点明热点事件，吸引读者的目光和注意力；后半部分则给出观点，激发并且引导情绪落地。"新观点"式标题往往是爆文的"第一现场"。

当编辑的时候，我写过一篇热点文《36岁下岗收费大姐哭诉和83岁奶奶应聘阿里：不懂得学习的人，正在被时代淘汰》，这个标题就是典型的"新观点"式标题，因为合理运用了新闻热点并找对了表达观点的角度，这篇文章轻松拿到了"100W+"的阅读量。

"新观点"式标题在写广告软文、出版社图书销售软文这类需要有转化量的文章的时候，也常有绝佳效果。

《"王阳明为啥在亚洲地位这么高？"这位知乎网友的回答说明了一切》

《北平笺谱：一张好信纸，值得鲁迅请来半个民国的大师》

这是当初我给一套讲王明阳的书和《北平笺谱》写过的两篇软文广告，其中都用到了"新观点"式的标题的形式，结果是，《北平笺谱》的转化率从以往的 4% 升至 15%，这套讲王阳明的书的阅读量也达到了平时的 2.8 倍，销售额较平时的平均值直接飙升了 6 倍。

这里要强调，"新观点"式标题的组合形式是新闻热点加上观点，而其背后的逻辑是：新闻热点会让读者产生好奇心，吸引读者阅读，而观点则是要引导这样的好奇心落地，如果只是让读者产生好奇心，却没有找到切入点和角度，那这个标题就只是个新闻标题。至于热点和观点落地的问题，在本书后面的章节中会系统地讲，这里只是蜻蜓点水，留一点涟漪在大家的意识当中，草蛇灰线，这样，大家之后接触到此类概念的时候，就会产生一种似曾相识的亲切感。

范式三：场景聚焦式标题

此类标题特点很鲜明，大家平时应该见过很多，举几个典型的例子：

《家庭好不好，看看厨房就知道》

《去了趟菜市场，我不想死了》

《"凌晨3点我摇醒了身边的妻子"婚姻的意义是什么？这是最好的答案》

从这里我们能发现一个现象，那就是在这类标题当中，都出现了一个特别清晰的场景，比如洗手间、商场、菜市场、ICU、建筑工地、火车上、公交车上、卧室、凌晨3点……

通过对日常生活当中最常见的场景的聚焦，形成了特点鲜明的风格化标题。

这类标题接地气、生活化，最重要的是：它有广泛的生活基础。越是常见的场景，就越有亲和力，越能引起共鸣，厨房谁家没有？就是因为这样，才有非常大的发挥余地，才能写出雅俗共赏、读者喜闻乐见的、带着人间烟火气的和充满温情的文章。

这些场景，俯仰可见，比如你坐高铁，可以联想以前只能坐硬座而现在可以坐高铁商务座，从而写出《从硬座到高铁商务座，我的努力让我自己都害怕》；比如在办公室，可以根据以前发生的事写《那个在办公室顶撞老板的同事后来怎么样了》。

每个人生活中都有自己最熟悉的场景，这其中就散落了无数的选题，需要我们通过刻意观察和刻意练习，把生活打造成为一个素材仓库。

范式四：情感诉求式标题

万事万物，都离不开一个"情"字。

来看几个标题：

《我很忙，但对你一直有空》

《我终于毫不留恋地退出了同学群》

《人到中年，早把情绪戒了》

《跟我服个软你会死啊！》

此类标题的特点是，往往通过第一人称"我"和第二人称"你"的形式，用对白或者口语式的句子来表达作者的观点和态度，代入感极强，具有很强的感染力，同时，还可以拉近作者和读者之间的距离。

范式五：反认知类标题

此类标题，往往会颠覆读者的认知，引发争议，从而造成第一眼即被吸引的效果。总结起来就是：落差极大，感受极强，阅读体验极深刻。

比较典型的例子有：

《那个考上 985 的学霸，成了我的实习生》

《没本事的人，才把梦想挂在嘴边》

《那个努力加班的同事，第一个被辞退了》

在既有的思维模式之外，提供一种新的解读，往往有让人耳目一新的感觉——啊，怎么是这样？这就造成了一种视觉和心理上的挑动，因为跟你想的不一样，甚至刚好相反，有些标题会对人产生触动，是因为它有道理，但反认知类的标题不需要讲道理，就能对人造成极大的触动。

标题的"三大原则"

原则一：一切以直接建立情感关联为首要

不用第一眼看不懂的、绕圈子、说车轱辘话、耍聪明、自嗨自赏的标题。卖关子、故作高深、自我感觉良好的标题是写作之初最容易犯的毛病。

下面同样的一篇学员文章的标题，你会选择哪一个标题呢？

《岁月静好前，学会在兵荒马乱中三头六臂》

《你我皆处"兵荒马乱"》

《你不努力，岁月静好也轮不到你！》

《微笑或哭泣，你选哪一个？》

恐怕没有人会选择第二个或者第四个，选第一个的概率也不大。这篇文章在《读者》微信公众号发表用的标题是《不努力，岁月静好也轮不到你！》。试想，如果我们稍微删减一些元素和字眼，那这个标题就废掉了，比如改成《不努力，就没有岁月静好》，去掉了原有的"情感诉求"，语气没有了，情感也没有了，只剩下一句"绝对正确的废话"，纯纯粹粹的大道理，这个标题也就没有意义了。

《未来你还要继续吗？》是一位学员初期投稿到我这里的题目，这样的描述是完全沉浸在自己的文字游戏里——还用你说，未来当然要继续！这样取题目只会弄巧成拙，不讨好。后来改动一下就成了《生活可以辜负你，但你不行！》。

没有强观点的刺激和明确暗示的标题就都是失败的。不需要太含蓄、太雕琢，你要做的是直接告诉读者这篇文章要说什么，而不是说——想不想知道我说了什么？你们猜啊，猜啊！十之八九的人都会觉得这样的题目冒犯了他们。

再比如《微笑或哭泣，你选哪一个？》这个题目，大多数读者的第一反应，我凭什么选啊！可假如你改成《"一边流泪一边咧嘴笑"：也许这就是生活吧》，就要友好得多。

情感关联建立了，作者和读者之间，才有对话的可能。

原则二：强冲突，产生颠覆性认知

制造强的冲突，就是要去尝试颠覆大家心中已经既定的，但是却并不一定适应这个时代的某些观点和看法。

比如：前20年我们说，学历不重要，"英雄不问出身"，能力才重要，现在这个观点似乎已经过时了，学历被证明越来越重要；以前我们认为婚姻中门当户对不重要，但现在越来越多的人认为门当户对很重要，只有双方家庭条件、社会地位对等了，婚姻中双方的"三观"才能一致。

你看，很多被当成经验之谈的观点其实在不知不觉间已经不太适应这个时代了。新的时代，需要有新的语言、新的语境和新的表达。这点可以参考反认知类标题去练习，也可以结合新闻热点式标题去设计标题。

原则三：直戳情感点，设置情感环节

直戳情感点，设置情感环节，如质问、质疑、吐槽……例如，同样是《在生活狂揍之下，挥出拳头就够了。面对生活的泥淖，请用力跳过》这样一个题目，采用戳痛点的方式写出来，就是：

《要哭快点哭，生活不是你妈》（指责）

《你唯一的力量，就是你的坚持！》（告诫）

《你还有空抱怨？我连寻死的时间都没有！》（呼唤）

《后来，生活骂我不配哭》（质问）

我们会发现，少了修饰和修辞手法的装饰，剥掉了文字绕弯的外衣，直接用质问、呐喊、吐槽、呼唤的形式将情感在题目当中表达出来，这是最成功的标题形式，也是最有力量的文字。

若标题让人无感触，则题目无意义。

标题的"三个经典公式"

经典公式一：新闻热点 + 观点的"新观点"

我们办公室的才女keke曾经写过一篇热点文，叫《知名律师火车换铺被拒："对不起，善良不是我的义务"》，这篇文章的阅读量当天就过了"30W+"，在办公室着实引起了不小的讨论。因为这个文章太有共鸣了，到后来大家甚至根本就不讨论文章本身写得好不好，而只是在讨论道德绑架这件事情了，后来我们的主编也不禁感慨："keke忽然就会写文章了。"

我们讨论的是文章本身吗？不是，我们讨论的是作者在标题上摆明的立场。

这类公式很好理解，如《"凌晨3点，我摇醒了身边的妻子"婚姻的意义是什么？这是最好的答案》《妻子在ICU生命垂危却写下这张纸条：每个丈夫，都欠妻子一条命！》《"生孩子的意义是什么？"这个妈妈的回答刷爆了朋友圈》《知乎高赞……》《……这是我听过最好的答案》……这种复合式的标题前半部分一般采用新闻热点、热点语录、热点提问等形式呈现，后半部分是作者的观点，能引发强烈的共鸣。

　　标题代表了一种态度，很多人往往是不看文章内容的，一个能引起共鸣的好的标题，本身就能让读者情不自禁想要转发，这代表了一种立场。

　　经典公式二：定位＋数字的"锦囊"

　　这类标题其实就是数字呈现式的灵活运用，通常的题目有《一个人靠不靠谱，就看他身上这三点》，这种标题通常前半部分是一个定位：一个人靠不靠谱，值不值得交往，有没有前途……这都是在做定位，给出线索。

　　比如：一个人跟男朋友去旅行，结果发现这个男生一点儿都不注重细节——问题暴露出来，现状描述，线索出现——这一切的目的就是为了引出后面的数字，也就是我们说的逻辑归纳的几点，也就是作者最终给读者的破解之法和解决问题之法，或者干脆可以称之为"锦囊"。

　　记住：在做逻辑阐述之前，一定要先做定位，这样才能有的放矢。

　　经典公式三：显性场景＋隐形观点的"情节"

　　最后一种经典模型，就是显性场景＋隐形观点。

　　这类似于场景化标题和情感诉求式标题的糅合。

　　例如《我爸的电动车，蹭了同学爸爸的宝马》，显性场景是蹭车现场，隐形观点是生活不易。类似的标题还有《婚姻好不好，看看厨房就知道》，显性场景就是厨房，实则讨论的是婚姻关系。《月薪过万，吃不起车厘子》也是这样的标题逻辑。

　　既有场景，又有情节，充分发挥了标题的设置悬念、引发好奇心的作用。

　　我曾非常狠心地拒绝了一个学生的要求，因为我觉得她的标题实在是太差了，完全不想看那篇文章，她非常惶恐，再三要求我看那篇文章，我的回答是："方法我给你了，写不出符合要求的标题，我不会看你的文章。"**看文章就不要像谈恋爱吧，恋爱还可以日久生情，情人眼里出西施。看文章，我只想一见钟情，一见倾心。**

　　你在刷今日头条、刷微信文章的时候，有多少次只是因为被一个好标题所吸引？快点儿明白吧，像李白、杜甫、李商隐那样，写《感怀》《无题》的时代已经过去了，彻底过去了。

　　标题从来没有什么时候像今天这样重要过。

第二章

"我为什么写着写着就写飞了"：一气呵成的文章，离不开一个好的大纲

先讲个小故事：

有次我跟一个书法协会的朋友去看书展。

书展现场有两位受邀的书法家在做表演，这两位都是声名鹊起的青年才俊，现场观看他们的表演可是非常难得的学习机会。

观看表演时，我身边有个大哥嘀咕了一句："还国家级的会员呢，写个字还要提前打格子，没水平。"

事后，我这位书法家朋友苦笑着跟我说："那人你看见没？上来不管别人的字写得好不好，就因为别人写字前打了格子，就说人家没水平，王羲之的《兰亭序》，王献之的《洛神赋帖》，都是书法史上的神作吧？不也都是事先打界格，大神们也怕写歪啊！《兰亭序》《蜀素帖》等千百年来多少传世之作，都是用'乌丝栏'写成的，界格本身就是在为书写制定法则。"

故事讲完了。

我这个朋友自然是满脸无奈。可他传递了一个极其重要的概念：

"乌丝栏"，也就是纸上的界格，表面上是为了防止书写者把字写歪，而实际上，界格的存在，是在为书写制定规则：写多大的字，一行写多少，疏密如何，整体的布局是否合理……

这个概念非常重要。

文章创作过程中，大纲起到的作用，就像书法创作中的"乌丝栏"一样，是为整篇文章制定创作规则的：

锁定文章的主题；

确定文章的逻辑；

修订文章的偏差。

也就是本章要讲述的三个核心要点。

锁定文章的主题

人们常说"不忘初心"，写文章也是如此。

但事实却是，很多作者原本是想写："优秀的父母是如何影响孩子的"这样一个主题，但写着写着就跑偏了，最后一看，变成了："优秀的父母应该具备的素质？"跟影响孩子完全没关系了。刚开始想的主题是："吃早餐的重要性"，但写着写着就写成了"吃饭很重要了"，回头一看吃饭跟吃早餐好像不是一回事儿。

你想写一个什么样的主题，并且锁定该主题，这是制定大纲的第一步。

这里我拿学员子安写的一篇"爆款"文章来举例说明。

这篇文章在报选题的阶段，标题是《想要孩子心理健康，请牢记这三件事》，意思大致明白了，但不够有针对性，"孩子心理健康"是一个描述性的句子，并不算一个观点。于是进行了第二次修改，改为了《成功的教育，是孩子心理阳光》，主题更清楚了，有了倾斜和态度，到这里文章的主题就很明白了。编辑在选用后，为了让标题更加具有可读性，改为了《闺蜜朋友圈停更后，我看透了教育的真相：最好的教育，是让孩子活成一束光》，介入了一些更加聚焦的场景画面；后来"洞见"、《读者》这些大号进行转载，在此基础上又重新换了标题，换成了《白岩松：毁掉一个孩子最快的方式，就是要他追求极致和完美》，隐去了"教育"的字眼，格局更大了，观点也更加明白了。

无论是编辑从正面角度（最好的教育）进行修改的标题，还是大号转载时从反面角度（毁掉一个孩子的方式）修改的标题，我们会发现，这些标题有以下三个特点：

1. 紧紧扣住一个主题，这个主题必须得有一个观点，而非描述感受或者说大道理。

例如：《在海边带孩子有感》，这是感受，《在海边带孩子，让我明白优秀的父母都在做这三件事》，就有观点出来了；《善良应该是一种美德》，这是"绝对正确"的大道理，《你要善良，更要有锋芒》，角度和观点就都出来了。

2.这个观点得表达出是非、喜恶、对错、好坏。

例如：《教育孩子的三种方法》，这种说法就很"中庸"，好恶、是非的概念都藏得很深，稍加改动变成《顶级的教育，就是教孩子这三件事》，或者《毁掉一个孩子，做这三件事就行了》，后两者所表达的情感就更强烈、更直接、更肯定，读者想要阅读的感觉就会更强烈。

3.通过锁定文章的主题，让读者产生"放心"的感觉。

不管这种感觉让读者选择的是看还是不看，至少他知道了主题是什么，不会产生犹豫、迷糊、含混的感觉，从而实现情绪的落地。

上述是我们在定主题的时候，一些小的要求。

主题的确定，需要在写大纲这个环节就妥善解决好。

确定文章的逻辑

确定了文章的主题，接下来最重要的一步，就是确定这篇文章要采用什么样的结构。

上面提到的《白岩松：毁掉一个孩子最快的方式，就是要他追求极致和完美》这篇文章由三部分组成：

阳光教育，是允许孩子犯错；

阳光教育，是接受孩子平凡；

阳光教育，是尊重孩子选择。

这是一个比较典型的"并列式"结构。

每部分的观点互相独立对等，同时每个小标题都支撑大标题，那么这个结构，就是这篇文章的逻辑——确定一个主题，分别从若干个独立的、彼此相对等的观点进行论述。

一般来说，较为常见的大纲结构有"并列式""递进式""反正式"三种，对应的是三种行文的逻辑：

"并列式"大纲

我们可以用一个模型来理解这种大纲逻辑：

中心主题（线索案例＋主观点）＋一方面来说（案例＋分观点1）＋另一方面来说（案例＋分观点2）＋再一方面来说（案例＋分观点3）＋总结升华主题（强化主观点）

上面我们提到的作者子安那篇文章，采用的就是最典型的

"并列式"大纲。

文章开头写了"朋友阿梅的女儿患上了重度抑郁，于是停更了朋友圈，陪着女儿对抗抑郁症"这样一个案例，然后引用李玫瑾的观点："真正成功的教育，就是培养出心理阳光的孩子。"这样就确定了全文的基调；接下来进入正文，接着再分别从"允许孩子犯错""接受孩子平凡""尊重孩子选择"来阐述。这里要注意一点的是：这三小部分，每一部分的案例和观点，其实都是围绕着这一部分的小观点来进行的，例如第一个小观点"阳光教育，是允许孩子犯错"，用的案例是陶虹分享的一则故事，而后面的观点，也是围绕着这一部分的主题"允许孩子犯错"来说；每个观点之间彼此独立，互不干扰，让文章变得更有层次，也更多元；最后，结尾的部分，该升华主题了，就又回到了主观点上，作者很巧妙地引用了李玫瑾的另外一句话，"孩子的心理阳光成长，比智力更重要"，这样首尾做一个呼应，升华了整篇文章的主题。

"递进式"大纲

同样，我们先列出大纲模型：

中心主题＋是什么（问题展示）＋为什么（事件的好处或危害）＋怎么办（总结和方法论）＋升华主题

例如，一期学员珊瑚发表在《读者》微信公众号上的一篇

"10W+"文章《世道的变坏，从苛责普通人开始》，运用的是比较典型的"递进式"的逻辑。

文章首先通过一则蹿红社交网络的视频点出"中心主题"——有些人活着就已经用尽全力。

紧接着，第二部分"是什么"，作者的小标题用的是"我不会蔑视平凡，我们都是平凡的一员"，开宗明义，点明大多数人都是平凡人这一观点。

第三部分"为什么"，作者用的标题是"每个人头顶都有一块不可逾越的天花板"，为什么大多数人只能平凡，因为的确存在一些"天花板"，因为它的存在，我们应该努力地不辜负平凡的人生，踏实从容面对每一天（该事件的好处）。

最后，"怎么办"，提出过好当下的一些建议。

从问题的提出，到问题的分析，再到问题的解决，这就是"递进式"大纲的行文逻辑。

"反正式"大纲

"反正式"大纲的模型是：

中心主题（故事＋中心观点）＋反面观点（故事＋分观点）＋正面观点（故事＋分观点）＋怎么做（三个方面）＋总结升华

这样的逻辑也很好理解，就拿"自律"这个主题来说，用一则新闻或者故事切入主题，然后先反面讲不自律的（负面的、不好的、消极的）影响，再讲自律的（正面的、良好的、积极的）影响，正反论述之后，再写如何保持自律的方法，最后总结全文的中心思想。

上述三种大纲模型，或者说三种行文的逻辑，对于锻炼写作逻辑有很好的指导意义。

修订文章的偏差

这里讲一个因为兴之所至导致一位作家和一位资深编辑同时翻车，教训惨痛的故事。

诺依是写作成长训练营的第一批学员，她本身是中国作家协会的会员，而且是"冰心散文奖"的获得者，文字功底非常扎实。有一次，她想写一篇关于吃早餐的文章，我们在聊这个选题时聊着聊着就聊开了，聊到了她去广州出差吃早茶，包括她在读书会上听到的一个大姐的故事：

这个大姐在国外求学期间，因为语言文化的隔阂受到当地居民的排斥，又因为在小镇举办的美食节上做了一顿中餐，而赢得了当地居民信任。

我当时觉得这些素材太好了，于是很快让作者把文章初稿写出来，但是看到文章之后，我忽然意识到出问题了。

　　文章一共有三个素材：一个是朋友大海因为熬夜饮食不规律得了胃溃疡住院，一个是诺依在广州吃早茶的故事，一个是那位大姐在美食节上的故事。乍一看没问题啊，三个素材都和吃饭有关，可我们原先定好的主题是"吃早餐"啊！三个素材都跟主题"吃早餐"差得有点远。

　　虽然后来都做了修改，大海的胃溃疡是因为长期不吃早餐导致的，大姐参加的美食节也改成了大家制作早餐，发出来之后反馈效果也不错，但是这次的教训是非常深刻的。

　　通过这件事，我几乎每次在给学员上课的时候，都会反复强调"大纲"的重要性，即使灵感再强，也要事先简单搭一下框架，这样不至于被所谓的灵感冲昏头脑，写着写着"写飞了"。

　　检查大纲，通常有三个步骤：

步骤一：中心观点、分观点是否完整；中心观点是否能统御分观点；分观点之间是否存在不对等、重复、观点相悖的情况。

　　例如上面我们提到的《世道的变坏，从苛责普通人开始》这篇文章，如果你的分观点里面出现一个"不甘平凡，努力突破舒适区"，这样一个观点，尽管这个观点未必是错的，但是放在一篇强调"平凡没什么不对"为中心的文章里面，就不合适了。

步骤二：每部分的故事素材、观点是否围绕该部分的观点展开。

步骤三：形式上是否干净，具有美感？是并列的，是递进的，还是反正的？

如果是并列型的，就要求每部分字数上也保持均衡，不能第一部分两百字，第三部分两千字，头轻脚重，结构失衡。

在《世道的变坏，从苛责普通人开始》这篇文章里，珊瑚引用了我原先写过的一段话：

《2012》里，最后拯救世界的人，当初根本没有资格上船；我看过最好的韩剧叫《请回答，1988》；我读过最棒的小说是《平凡的世界》；我最喜欢的人扔到人群里瞬间就会被湮没；我经历过的最好的一天，竟然什么大事也没发生，只有天比往常蓝了一点点……这样看起来，普通似乎也没什么不好。

你可以把你喜欢的小说、电影，甚至是喜欢的人、经历过的一些事情，全部融到一段话里面，看起来又热闹又丰富，但是，每个字眼其实都是为最后这句"普通似乎也没有什么不好"服务的。

一旦跟这个主题无关，再华丽的字眼，也都毫无意义。

第三章

"我为什么读这篇文章？我为什么转这篇文章"：
开头结尾的写法

在开始讲解本章的内容前，我脑子里冒出来两句话：

我的生命是一本不忍卒读的书，命运把我装订得极为拙劣。

1997 年过去了，我很怀念它。

第一句话是 2017 年那篇刷屏的新媒体文章《我叫范雨素》的开头；第二句话是冯小刚的经典喜剧电影《甲方乙方》的结尾。

为什么想起这两句话来了呢？按理说，《我叫范雨素》是那一年在自媒体领域很有影响力的作品；而冯小刚的《甲方乙方》更是内地第一部真正意义上的贺岁喜剧电影——但是很有意思的是，我几乎想不起来《我叫范雨素》这篇文章的大部分内容，也记不起来《甲方乙方》讲了几段故事，但是唯独对这两句话念念不忘。

一篇文章，只记住了开头；一部电影，只记住了结尾的一句独白。

可这样的记忆，却构成了我们对某部作品、某段时光的绝佳注脚。

如果不是这样一个开头，我可能不会去读这篇文章；同样的，如果不是这样的结尾独白，我也不会记住这部几十年前的老电影。

一篇优秀的新媒体文章，开头会促使读者想要看下去，而一个好的结尾则会让读者产生转发、收藏和评论的冲动，好的开头和结尾的运用，能够真正让一篇文章做到"有始有终"。

文章开头的"三要素"

这里的"开头"可以理解为文章的第一段话，也可以理解为文章开头的部分（文章线索素材）。

一个好的开头，应该满足三个要素：引发好奇——让读者有期待，直抓痛点——使读者有触动，引发共情——和读者有关系。

要素一：引发好奇——让读者有期待

这个案例是我在帮一个学员改初稿的时候遇到的，非常典型。原稿是这么写的：

当初在上大学的时候，我因为喜欢对外贸易专业，不顾家人的反对……毕业之后，我选择加入了一家对外贸易专业的大公司从基层开始干起……经过我的努力，我逐渐干到了部门副主管的位置……不久前，部门来了一个新人，分到了我所在的项目组……谁也想不到，短短半年的时间，他就提到了项目主管的位置，成了我的上司……一次吃饭的时候，同事无意间说，这个年轻人的月薪已经两万了……

一直看到差不多快六百字的时候，我才发现了吸引到我的一句话，"一次吃饭的时候，同事无意间说，这个年轻人的月薪已经两万了"，于是我建议作者将这句话直接提到开头，不要什么上大学的初衷，也不要写自己如何奋斗当上了副主管这些长篇累牍的铺垫。

那句话提到开头之后，作者跟我说："文章看起来好有感觉啊！"

这个"感觉"，就是由好奇心引起的。

试想一下，你是愿意一上来就牢牢勾住读者的心，还是用六百字的篇幅讲一个并没有什么新意的故事呢？

"引发好奇"不仅是典型的新媒体文章开头的方法，而且在传统文学当中更是大放异彩。如阿尔贝·加缪（Albert Camus）的《局外人》开头是："今天，妈妈死了。也许是昨天，我不知道。我收到养老院的一封电报，说：'母死。明日葬。专此通知。'"菲兹杰拉德（Francis Scott Fitzgerald）在《了不起的盖茨比》中的开头是："我年纪还轻、阅历不深的时候，我父亲教导过我一句话，我至今还念念不忘。"

"引发好奇"是文学作品在设计开头时最常用的技术手段之一，其目的就是引发读者的兴趣，引导读者读下去。

那么，写出引发好奇的开头有哪些具体的技巧呢？

首先，突出主要矛盾。

前面我们说了那个学员文章的开头——"一次吃饭的时候，同事无意间说，这个年轻人的月薪已经两万了。"这里的主要矛盾就是新员工反而比老员工的工资高。类似的开头还有很多，例如：在家庭会议上，子女拒绝父母的装修意见；在养孩子的问题上，儿媳和婆婆吵了起来；从不加班的同事升职了……作者要做的，就是将这些矛盾一上来就摆在读者面前，而不是像写小说一样去做铺垫，然后再将这件事的前因后果娓娓道来。

其次，引入核心场景。

学员七月半在《不努力，岁月静好也轮不到你》的开头，是这样写的：

那天下班，阳光正好，微风不噪。春城的盛夏，凉爽宜人，蓝天白云分外动人。

我揉揉肿胀的双眼，面无表情地开车回家。脑子里回放的是几经修改仍然达不到领导要求的稿子，挫败感排山倒海地袭来。电话突然间响起，我妈说小孩突然哭闹起来，身体蜷成一团，怎么哄都无济于事，她自己也头晕地站不住，问我几点到家一起去医院。电话还未挂断，装修师傅来电，说二手房改造时水电遇到了问题，问我如何处理。

想停到路边好好梳理一下情绪，晚高峰时期的车流让我无法靠右。一瞬间，狂躁的情绪到了峰值，一路鸣笛强行靠边停车，引得一些司机很是不满。一脚踩停，我趴在方向盘上，顷刻间泪流满面……

我当时给的修改建议是：内核是有的，但缺少一个能拎出来的高光场景以及一个小的情绪的突破点。文风很好，就是太碎了，太散了，最好把自己感触最深的一个瞬间拎出来。

作者回去想了很久，修改之后又发了我一个新的版本：

新的开头是这样写的：

捏了捏已经僵了的肩膀，一看表，已是晚上9点。面无表情地盯着电脑屏幕盯了几分钟，然后，关灯走人。

开车回家的路上，满脑子都是领导对我上午交的汇报材料的不满，挫败感排山倒海地袭来。

这时，电话忽然响起。

还好，不是领导，是装修公司。

"你们家那个二手房的改造，水电出了点问题，物业不让施工了，你明天最好亲自过来看看，都等着呢……"

这时，家里的电话也打了过来，我匆匆回复了这边，刚接通，就听见我妈着急地说："你什么时候回来啊？依依吃完晚饭忽然闹了起来，怎么哄都哄不住，她说肚子疼，吐了一地。我高血压犯了，站也站不住，你什么时候回来啊？"

车子这个时候却偏偏堵在了晚高峰的路上，一瞬间，心里狂躁不安的情绪到达了峰值，我开始毫无缘由地拼命摁喇叭。

修改后的开头，其实只是加了一个场景：晚上9点，加班结束。

一个忙碌的、带着绝望和麻木的女性形象呼之欲出。

加班过后的麻木和绝望、慌忙去追公交车因为错过一班车内心无声崩溃、凌晨妻子看到丈夫不管孩子倒头大睡而对这段婚姻感到失望、周末老板的电话……特定的时间、人物、工具都能构成一个核心场景，这样的场景让文字更有画面感和代入感，能让读者不自觉进入到生活化、真实化的氛围里。

最后，打造典型脸谱。

"打造典型脸谱"也是一种常见的，而且被广泛应用在各个领域的方式。

例如，下面这几则经典广告语：

小米，为发烧而生（典型脸谱：小米是一家年轻的互联网公司）

华为，不仅仅是世界 500 强（典型脸谱：华为是绝对的实力派）

再一次，改变世界（典型脸谱：Apple 是手机行业的引领者）

在新媒体写作当中，打造典型脸谱的方法，其应用场景尤其普遍。大家也许看过类似这样的开头："我的朋友圈，总有这样一群人……昨天朋友又跟我抱怨他那个整天带有负能量的室友。""无论你在朋友圈发照片发文字发视频还是别的什么，总是有些'杠精'留言撑你""整天大喊努力却从来不行动的×××"……这就是一张张典型的脸谱——把一个人性格当中最典型的部分拎出来，将复杂的东西简单化、典型化，读者就会轻松接纳你的文字，**"不费劲"的阅读也是一种重要的阅读体验。**

要素二：直抓痛点——使读者有触动

触动，是非常重要的写作意识。

有些作者写作仅仅是取悦了自己，拼命说服打动自己，而完全忽略了读者的感受，"自嗨式"的写作太普遍了。

这样的文章无法触动读者，虽谈不上冒犯，但毫无疑问，阅读这种故事和观点都很寡淡的文章，是非常令人扫兴的一件事。

拿《36 岁下岗收费大姐哭诉和 83 岁奶奶应聘阿里：不懂得学习的人，正在被时代淘汰》这篇文章的开头来举例：

前段时间有两条刷屏的新闻。

一条新闻是，河北唐山市地方政府把地方上的路桥收费站都取消了，之前收费站的工作人员也面临着下岗，于是他们去找有关领导讨说法。

在这群下岗人员中，一位36岁的大姐说："我今年36了，我的青春都交给收费了，现在啥也不会，也没人喜欢我，我也学不了什么东西了。"

"除了收费啥也不会"，一句话在网上引起强烈讨论。

另一条新闻是，阿里巴巴年薪40万招聘资深产品体验师，要求年纪在60岁以上。

招聘结束后，首批应聘到岗位的十位大爷大妈参加了线下沟通会。其中83岁的清华学霸奶奶是十几个群的广场舞KOL（意见领袖），经常组织一些线下活动；62岁的曾大爷更是直接拿出自己做的PPT，他还有一手熟练操作Photoshop的绝活儿。

年轻网友纷纷表示："直接碾压20多岁还在用美图秀秀的我。"

一边是年过花甲古稀的大爷大妈大秀才艺，一边是36岁的女收费员哭喊自己早过了学新东西的年纪，除了收费什么也不会。

两则新闻放在一起比较，我们不难得出一个结论：不懂得学习的人正在被这个时代淘汰。

刨除两则新闻描述，开头其实就是一句话：不懂得学习的人，正在被这个时代淘汰。

这是一个典型的"痛点"开头的写法，它背后显而易见的观点就是：我们和优秀的人，究竟差在哪里？

要明白的是，这样的触动可以是上面例子中所传达的焦虑，还可以是其他的"触动点"，例如：利益、风险、见识等。

以利益为例，有这样一个开头：

在民政局工作了 25 年，我决定把夫妻之间的十个"潜规则"公开。

试问，有哪一对夫妻不想看看这些"潜规则"究竟是什么呢？

"痛点"就是人们和生活的矛盾，为什么不成功，为什么不幸福，为什么不富有，为什么不是我……一旦和这些"矛盾"接头，文章就自带磁场，文字往哪儿指，读者就往哪看。

要素三：引发共情——和读者有关系

我们经常看到一些广告视频的开场白这样写：

你是否也是这样……

生活中的你是否也这样……

你是否也像视频中 Ta 一样……

现实中的你是否也这样……

可能你写了一篇把自己感动得泪流满面的文章，在别人看来，这个故事和他完全无关，极其无聊。如果要表达一个观点，那么你就要用这个观点让所有的人都感同身受，这就是"共情"——你的文章和他们是否产生了关联，是否能帮助他们、提醒和启迪他们，从而让他们在看完文章以后有了切实的收获。

引发共情，要把握三个原则：与我相关，与他相关，与情感相关。

"与我相关"意味着你的作者立场，一定是你认为有触动的东西。比如：你是医生，医院里发生的事情，就是你会受到触动的。"与我相关"就是要明白自己的立场和写作定位。

"与他相关"是什么意思呢？我们还拿医生来继续举例子。你是医生，但是你写的东西都是专业的理论解释，高深的案例分析，这个时候别人压根儿就看不懂，那怎么办？你就要琢磨"与他相关"这四个字的深层含义了。你写的医学报告大家不感兴趣，但是你写病房里的人性，大家是不是就很感兴趣呢？你写生病后病人的感悟，大家是不是也能接受呢？为什么？因为这些事情不但和他们有关，而且对他们的生活还有警示、指导意义，比如《住在 ICU 的病人去世前，说了三句话》《我在急诊室工作了 30 年，只明白一件事》……从这些和读者建立关联的点出发来叙述，这里的叙述指的是开篇的行文，这样一来你的文章的传播价值就出来了。

与情感相关，上面我强调过，你的文章和读者是否产生关联。是否能帮助他们，提醒和启迪他们，从而让他们在看完文章以后有了情感和生活当中切实的收获。典型的案例就是尼采的名言：当你在凝视深渊的时候，深渊也在凝视你。这句话可以分成两部分来理解，当你凝视深渊的时候，人们会感到未知、新奇，甚至有些害怕，但这种未知、新奇和害怕是属于人类自身的生理特征，是自然而然的一种生理反应，它只是一幅画面；而后半句"深渊也在凝视你"，瞬间就直指人心深处——深渊在凝视我？我会被吞噬吗？我是否做了什么不好的事情？我是不是被某种恐怖的东西盯上了……它是一种强关联。

有一篇文章的标题叫《家，从来不是争对错的地方》，这个标题体现出来的气质就完全符合与情感相关这一观点。如果街上一个广告牌上写："这条广告99%的人都觉得很精彩。"大多数人看完之后其实是没有太大的感觉的。而假如，是这样写的："这条广告和99%的人有关，其中或许就有你。"从感觉上来说，是不是就不太一样了？无论是同什么进行关联，这些关联最后都会聚焦到"情感"这个字眼上来。

文章结尾的"两要素"

结尾的重要性，不用多说。

结尾最好的结果当然是让每个读完它的人都产生转发的欲

望。当然，每个人都有这样的转发冲动是不可能的，但是，重点在这个冲动的机制，作者是否在结尾处设计好了。

一篇文章当中，结尾起到了三个作用：升华主题、对文章价值观的定调和彰显情感爆发点。

结尾具体应该怎么设计呢？

好的结尾有两个要素。分别是：能否提振情绪？能否产生共鸣？

要素一：能否提振情绪？

关于提振情绪，或者说叫"高唤醒"，大家可以简单理解为醍醐灌顶，很多人在写文章结尾的时候往往会写上富有哲思的一段话，殊不知，任何没有启迪性的、绕弯的、一味体现文采的、故作高深的哲思和感悟，只会让文章的情绪迅速降温，而失去了转发和扩散开来的宝贵一步。一篇让人提不起评论和转发兴趣的文章，是没有意义的。

情绪绝大多数时候都是要有起伏的，像波浪一样。比如我选过一篇文章《"妈，月薪五千和月薪五万遇到的男人是不一样的"这封女儿的信刷爆朋友圈》，文章是一封信。那信嘛，大家都认为是很舒缓，平平如也。但是，作者最聪明的地方就是在普通的信里加入了提振情绪的内容，尤其是在末尾。

末尾写：

我不着急，我希望你们也别着急。我想，所谓的见天地见众生见自己，就是既理解了世界上人与人的不同，又能坚持自己的初衷，所以我能理解你们。这是我第一次给你写信，因为我发觉，人生可贵的事儿，是坚持自己的选择，而人生最难的事儿，是理解与改变。我理解你们对我的期待，但更希望你们看到我的成长。

你看，最后的情绪是往上走的，是呼之欲出的上进。
可假如你写的是：

我很好，你们好好照顾自己。我们都要好好的。

那这就是一个非常平的，完全没有一丝让人有感触的结尾。
有的更甚，末尾这样写：

在那葳蕤繁茂的深林之中，我彻底迷失了自己，融入这个世界最妙不可言秘境，悠然心会，悠悠我心。

华丽的形容词一堆，有什么用处呢？毫无用处。

要素二：能否产生共鸣？
在《心情不好的时候，就去做这七件事》这篇文章结尾，作者写道：

人不能活成一团情绪，生活还是要有生活的样子。

在《人最大的教养，就是和颜悦色》这篇文章结尾，作者写道：

其实，和颜悦色，是深爱的外在表现。真正有教养的人，是把好的情绪和态度留给爱人。

在《你不是不优秀，而是太着急》这篇文章结尾，作者写道：

你人生的许多时刻，都需要一点从容。因为优秀的你有足够的理由相信：慢慢来，不要着急。你想要的一切，从来虚左以待，终将如期而至。

这些结尾就是典型的有种"一语点醒梦中人"的感觉，让人产生强烈的共鸣。

也就是说我们在结尾的时候，能给大家向上的、扩张的、意义深远的观点，产生传播的冲动、情绪的提振、情感的共鸣，才是最关键的地方。

同样一句话：

任他风吹雨打，我自岿然不动。

我想，所谓的见天地见众生见自己，就是既理解了世界上人与人的不同，又能坚持自己的初衷，愿我们都能成为这样的人，共勉！

　　这两句话表达出的效果一定是不同的。一句被读烂了，俗套。另一句呢，稍做阐述，积极向上，带动了读者的情绪，直接和读者建立情感的关联。

　　"1997年过去了，我很怀念它。"

　　其实，我们记住了这句话的另外一层意思不就是在说：在我的心里，也有那样一个特殊的年份，我很想念它。

　　如果可能的话，就要花十倍的功夫研究结尾，因为那很可能是使读者选择转发这篇文章的重要原因，甚至是关键因素。

第四章

"我为什么就想不出这样的点子"：做选题，有方法

做选题，也许是唯一能让新人和成熟的作者都感到"迷茫"的一个环节。

"做选题太难了。"

凭空想象的选题当然很难，但如果建立一套"选题逻辑"，那么做选题其实并没有那么难。

做选题有两个非常重要的环节：

一、唤醒选题库意识；

二、对选题进行归类。

一、唤醒选题库意识

下面这两张图，是我在微博上和今日头条上随便截的。

图4-1　新浪微博截图

图4-2　今日头条截图

微博上的热搜，从第 18 到第 26 条一共九条内容，除去大多数有关新冠肺炎的新闻，剩下的几个热搜我觉得都很有意思。

比如："一位 ICU 护士 53 天的坚守"这样一个话题，我改了一下，在本子上拟了一个标题《一位 ICU 护士 53 天的坚守，让我明白了人生的三个真相》。

同样地，我们可以对其他的话题进行修改：

热门话题："廉价而快速得到快乐的方式"

选题标题：《毁掉一个人，就是让他得到廉价的快乐》

热门话题："疫情暴发以来，超 1000 家公司宣布破产，这些公司让人惋惜"

选题标题：《成年人最大的自觉，是随时做好被生活抛弃的准备》

热门话题："在闲鱼搜'离开北京'，我理解了'北漂们'的别离"

选题标题：《在闲鱼上，我读懂了生活最好和最坏的样子》

无论是在刷新闻、短视频、电视剧、电影、综艺节目，还是逛知乎、微博、今日头条、朋友圈，甚至你看到一本书上的某个片段、金句或某本杂志上的一个段子……这些都可以作为选题的来源。

重要的是，建立自己的选题库，建立选题的意识。

我在看稿、改稿、与作者交流的过程中发现，绝大多数的作者根本就没有自己的选题库，完全是靠"灵感不够，生想硬写来凑"来做选题——这就是抱怨没有选题，不会做选题的作者的现状。

如果想要改变这样的现状，你就要做到，当你刷新闻、短视频、电视剧、电影，或者是逛知乎、逛微博、逛今日头条、逛朋友圈，甚至当你看到一本书上的某个片段、金句或某本杂志上的一个段子的时候，是带着"选题意识"的，而不仅仅是看热闹，打发时间的滑屏。

这个很像《盗梦空间》里面的情节，你要想控制一个人的梦境，首先需要在他的现实生活中植入一个意识，这个意识会形成那个人在梦境当中的潜意识，从而被你控制。

我们也需要在现实生活中，在自己的脑海中，植入这样一个意识。"当我打开手机，听到某句触动我的话的时候，它可能是一个选题。"

这不需要什么技巧，就像到了一个危险的地方，大家会不自觉地说："小心点。"说这样一句话就能规避风险了吗？肯定不能，但是说完之后，人会提高警惕，在忽然面对危险的时候，应变的速度会更快。

通常来说，我们需要建立三类选题库：

常规选题

常规选题是指日常性的积累，例如：看了一本书，里面有非常好的故事素材、金句、观点，生活当中受到触动的所见所闻，能引发共鸣的情商、情感、生活态度等内容。常规选题最重要的是，找到那个将普通的事件转化成为"一个值得被讨论的观点"的点。

我先讲一个小故事：

几年前，我在一家博物馆工作过一段时间。有一次，博物馆要举办一个大展，我们负责接待，在入口的地方，还有几个前台姑娘，她们负责为来宾登记，发放小礼品，并引导大家扫描二维码。这时，来了个六七十岁的阿姨，她签到后就问："怎么扫码？"然后她把自己的诺基亚拿出来，就是那种老年机，让前台的姑娘帮她操作，这姑娘说："对不起，阿姨，您这个手机是塞班的系统，系统不一样，所以没法儿扫码，这样吧，我用我的手机帮您登记一下，给您送出小礼品。"

一个很普通的小故事。

在故事中，如果是普通人，一般会回答说："你这是老年机，就没那功能，扫不了。"这个姑娘的回答妙在，借了"系统不一样"的概念，成功化解了尴尬，还让对方感觉自己受到了重视。

回到我们的主题，通常情况下，大家听完故事就会觉得："啊，这个姑娘真机灵啊，这个故事蛮有意思的啊！"就过去了，而根本没有将这件事用选题的意识进行识别处理，浪费掉一个大好的题材。而一个有选题意识的人，在面对这样的常规题材，他的反应会是：

第一步：我受触动了？我为什么受触动？
第二步：这属于什么场景？
第三步：处理成一个选题的选题点，破题写文章。

创作中需要将生活里的所见所闻转化为具体的场景，让虚无缥缈的意识能落地，所以我一般会对场景进行划分，将万事万物都当作场景进行划分，这极大地帮助我建立了选题意识。

上面这个常规选题的小故事，就可以通过这种方式来进行推导：

第一步：我受触动了？我为什么受触动？

因为这件事情让我觉得这个女生很机灵，有情商，那我可以根据这些感觉推导出这是一个"情商修养"类的场景，范围有了。

第二步：这属于什么场景？

属于情商修养的场景，但这个场景太宽泛了，我需要找到这个场景的选题点，比如：这个女生很有同理心，真正践行了善良，我发现"践行善良"就是一个很好的点，具体准确的点，我利用新媒体取标题的方法，取了一个《所谓的善良：眼中有世故，手上有着落，心里有微光》的题目。

第三步：处理成一个选题的选题点后，列大纲，破题写文章。

这里，我提到了"情商修养"这样一个场景，第二部分会详细说一说。

热点选题

"追热点"几乎是所有新媒体写作者的必修课。

但是这个热点不是乱追的。

一般来说，微博热搜榜、今日头条热点新闻榜、知乎热榜都会实时更新当前的热点信息，是天然的"选题库"，但这些属于"即时性"的热点是不可预知的，而有一些热点是可以预知的。

例如：4月23日的"世界读书日"、春节、中秋、五一小长假、热度很高的电影的上映日期、热门综艺影视剧的开播、诺贝尔文学奖的颁奖典礼……这些热点其实是可以通过留心提前获得的，是可预知的热点。

关于热点，很多作者最担心的是：我没有那么多时间看最新的电影、电视剧、综艺怎么办？

其实，真正的热点第一时间就能在微博、知乎、今日头条和朋友圈里看到，而且作为一个创作者写作者，需要具备热点抓取的能力。一个事件的爆红，其内核和真正有价值的也就是这个事件的标题或者这个标题后面的观点，而不是非要看完一部电视剧或者一部电影才能知道。

例如：老版的电视剧《三国演义》中，张飞的口头禅"俺也一样"爆红网络，这样一个热点，你只需要用两分钟时间点开视频看一下，然后再看看网友的评论，基本上就能抓住这个热点的核心观点——读书和不读书的区别。我们就可以写《读书和不读书的差异：关羽出口成章，张飞却只会连说"俺也一样"》，你不用去把《三国演义》看完，没那么多时间。

事实上，所有的这类热点事件，其实从一开始就给出了选题的选题点，例如：

某某明星在综艺节目上的一个动作，引来数万网友吐槽

某某电视剧当中的一幕，揭开了原生家庭的真相

某某深夜发朋友圈，有一句话亮了

有时我们可能没机会看完一档综艺一部影视剧，这种情况下只要对其中的片段进行截取，能做到案例和观点自洽就可以了。

这里需要注意的是，建立热点选题库的同时，还要做好一件事：

文章的落点是什么？

热点文章写的人很多，这也就意味着，如果你的观点不是特别出新，那这篇文章顶多就是胡乱蹭了一下，说的无非还是别人说的那些。

有段时间，有一个闹得沸沸扬扬的热点："朱之文家门被人踹开"。为了追这个热点，《读者》新媒体的编辑们做了一个选题，标题是：

《"大衣哥"家门被踹激起众怒：人太过善良，是一场灾难》

文章发出来之后，阅读量出奇地差。平时一般头条能轻松突破"50W+"的阅读量，这次只刚过了"10W+"，问题出在哪里呢？

原因有很多：这个观点写的人太多了、事情都过去了一周才写出来，热度过去了、角度找的太平……

看到这个新闻的人，绝大多数人都会认为，"大衣哥"的善良是造成该事件的核心原因。但核心原因你写一遍，我写一遍，他再写一遍，看多了，也就审美疲劳了，要表达的观点无非就是：人不能太善良。

我们在看到一则热点事件的时候，往往会第一时间产生某些观点，而这些观点往往又都是雷同的，因为雷同，它的可供讨论的价值就很低。

作者需要跳出第一落点和第二落点，因为面对热门的话题，刚开始能想到的落脚点都是很常见的，是最容易和其他作者"撞车"的观点。第一落点、第二落点要立刻毫不犹豫地排除掉，去挖掘事件的第三落点、第四落点，甚至是第五落点。

我们继续以"'大衣哥'家门被人踹开"这个热点为例来讲述。

第一落点：《"大衣哥"家门被踹激起众怒：人太过善良，是一场灾难》，这是绝大多数人第一时间会产生的情绪和认识，落脚点在"大衣哥"的善良，原因在主人公身上；

第二落点：《"大衣哥"被踹门事件：世道变坏，是从吸老实人血开始的》，造成该事件的原因，不完全是因为"大衣哥"本身，踹门者同样可以作为落脚点；

第三落点：《"大衣哥"家的门，早该被踹开了！》，经过这场闹剧，地方政府开始了对朱楼村的整顿，"大衣哥"的生活也许会重归宁静。从这个意义上来说，"门被踹开"是坏事变成好事的"契机"，因此以这个契机为落脚点，表达一种"不管谁对谁错，闹剧都该停了"的观点，角度更加新颖；

第四落点：《"偷拍朱之文，我赚了60万！"：朱之文和他被吸血的9年》，这就从一个简单的事件，拓展成了一个深度的内容，从源头让读者自己在故事中完成对"大衣哥"面对现今困局的判断，既利用了热点，又避开了就事论事的观点文的模式。

热点要想用得好，就要找好与众不同的、新颖的角度和落脚点。这点在本章还会有介绍。

系列选题

系列选题是一个作者选题库当中非常重要的一类。

一个年轻作者，适合打造一个"励志""正能量"素材组成的选题库；

一个家庭主妇，适合打造一个"两性情感""亲子教育"素材组成的选题库；

一个职场精英，适合打造一个"情商修养""为人处世"素材组成的选题库；

……

也就是说，你要找到一个方向，找到一个领域，在这个领域里面精细化地去做选题。

这里，我以往期学员卓尔平凡发表过的系列文章为例展开讲述，先来看这些文章标题：

《能坐下来开会的家庭，都差不到哪去》（《读者》微信公众号头条，10W+）

《高品质的婚姻，藏在厨房的烟火里》（《读者》、"洞见"、"有书"微信公众号，15W+）

《如果你有女儿，千万别让她太懂事》（"十点读书"、《意林》、"洞见"微信公众号，20W+）

《如果你有女儿，一定跟她聊聊这四张"人生底牌"》（《读者》、"有书"、"洞见"微信公众号，全网阅读过亿）

这些被千万级别大号转载的文章，选题的点都非常聚焦：家庭情感。

以此为原点，延伸出了一系列的情感选题，这种精准的定位，让大平台的编辑对她本人也有了一个清晰的定位和期待。

关于作者和文章的定位，在本章第三部分我会再做详细说明。

说回这种系列选题的方法——集中于某个场景（家庭情感）进行写作细分的方法，我称之为"沙漏法"。

拿卓尔平凡的《高品质的婚姻，藏在厨房的烟火里》这个选题来说，沙漏的上半部分是要筛选出具体的场景——家庭情感。有了这个具体的场景，漏下来的沙子就不再是原来的沙子了，也就是说，经过中间那个小漏孔过滤下来的全都是基于"家庭情感"这样一个场景的细分场景，因为家庭情感涵盖的范围很广，作者用了一个细分的"二级场景"——厨房，除了厨房还有其他的场景能诠释高品质的婚姻吗？当然是有的，例如卧室、衣帽间、客厅、洗手间、衣柜……这些场景就是"家庭情感"这个场景细分下来的，更加精分的"二级场景"。

《高品质的婚姻，藏在卧室里》
《高品质的婚姻，看看客厅就知道了》
《幸福婚姻的秘密，都藏在衣帽间里》

看，一个具体的场景可以筛成一个系列的小场景，这样的小场景可以有无数个，再围绕着这些小场景写文章，落笔就要简单得多，重要的是，一旦形成了"沙漏"，最大的好处就是能够举一反三，把场景延伸到熟悉的环境里，比如生活系列、职场系列、社交系列等等，于是就能自然而然延伸出像下面的选题：

《婚姻好不好，去趟超市就知道》

《婚姻好不好，聚个餐就知道》

《下班后的一个小时，藏着幸福婚姻的秘密》

这样避免了四处找选题的麻烦，节省了大量的时间和精力，仅就提高效率而言，通过"沙漏法"做系列选题无疑是最优选择。

二、对选题进行归类

前面，我讲到了博物馆前台接待来宾的故事案例，提到了这个故事背后体现出来的"情商修养"类的场景。

在做选题过程中，都有哪些场景呢？

拿《"凌晨3点，我摇醒了身边的妻子"婚姻的意义是什么？这是最好的答案》这样一篇文章为例，读完这个题目，读者一般会有什么样的反应呢？不是这篇文章好不好——因为还没看，不知道文章写得到底怎么样，而是：这是一篇夫妻两性话题的文章。

好，"夫妻两性"，这是大多数人的第一反应。

而"夫妻两性"折射出来的是基于"两性情感"这样一个场景。

找到这个场景，并把这些场景在大脑当中分门别类，这就是选题要解决的重要问题。

选题当中的场景可以分为十个大类：

婚姻两性；

亲子教育；

情商修养；

热点舆情；

干货集锦；

反向认知；

人文历史；

励志精进；

三观态度；

社交礼仪。

例如：

在地铁上，你看到一个母亲对孩子说："在公共场合不要大声说话，会影响别人！"这位母亲一边说一边用手制住孩子乱动的脚，以免弄脏旁边乘客的衣服。

这个时候你脑海里锁定的场景是什么？绝对不是："啊，这个妈妈好懂礼貌！"而是会想到这个妈妈的情商和修养，这就属于"情商修养""亲子教育"场景：

《"地铁上一幕值得每个家长深思"：优秀的父母，都在教孩子"底线思维"》

《比起打骂，好的管教是做对了这件事……》

一个触动到你的画面和场景，可以是某句话、某个动作、某种行为……你要做的就是鉴别、分析和总结出它们背后的价值观。

我们不妨结合上面讲到的常规选题的"三步选题法"和热门选题的"落点法"、系列选题的"沙漏法"为这种思维搭建一个模型。

"三步选题法"：我受触动了？我为什么受触动？这是个什么场景？

"沙漏法"：确定场景之后找到该场景具体的细分场景；

"落点法"：这个选题点都有哪些常规落点，有没有好的第三、第四、第五落点？

通过这样一个模型，我们就能快速地形成选题意识，不仅建立了一个选题库，同时解决了做选题的问题，下一步，只是破题写文章了。

最后，说一点不那么"干货满满"的话。

做选题实在是一件"非经年累月去做，就一定做不好的"的事情，是笨功夫，取不得任何机巧，尽管有诸如"三步选题法""落点法""沙漏法"的方式技巧，那也仅仅是在你发现选题之后，对选题进行的"深加工"，怎么看一个选题是不是有价值，值不值得写，就必须下功夫和多花时间。

下哪些功夫，花多少时间？

不需要重新挤出别的时间，利用好这些时间就够了：刷抖音、刷今日头条、逛知乎、逛微博的时间。但是要注意，当你在朋友圈看到某个朋友发的让你有触动的事情，当你看一本书、一部电影、一个综艺节目有让你感到豁达、愤怒、无语的句子或者片段，用任何方法，包括云笔记、截屏、笔记本、便笺……记录下它们。

最重要的是，把那个选题意识埋在脑海中，培养选题的潜意识——"选题感"才是最重要的。

第五章

"我为什么就找不到这么好的素材"：
找素材其实没那么难

选题和素材，真可谓是一对"难兄难弟"。

选题是整天抱怨，好难啊，找不到好的选题点，无从下笔；素材呢？好不容易找到了一个"点子"，标题想好了，大纲框架也拉起来了，问题却来了——太难了，怎么才能找到新颖的素材把文章写得好看呢？

就像我们买了一套房子，进去一看，是一个只有几面水泥墙、承重墙的毛坯房，要想住得舒服，就得对这个毛坯房进行装修，铺地砖、贴墙纸，还要买沙发、买家电……找素材，就像是找适合自己房子的装修风格，是用北欧风还是新中式？家电用什么牌子？哪个牌子的木地板质量更好……这决定着住进来之后，获得的是一种或浪漫，或温馨，或炫酷，或华丽，或简约，或沉着，或痛快的体验。

假如你有下面的问题：

· 压根儿不知道素材该怎么找，甚至连素材的概念都不清楚；

· 不知道怎么在文章里安排素材；

·怎样利用素材让文章看起来层次感十足；

·怎样让文章看起来"丰富有内容"，收获"增量知识"。

那么，本章主要讲到的"素材搜集的有效方法""素材使用的'黄金比例'""素材的整合"三部分内容，将对你大有裨益。

一、素材搜集的有效方法

找素材不难，难的是找到"有效的"素材。

几乎所有作者都要面临这样的问题，那就是，有了题目，有了写作的逻辑，但是对着电脑或者拿起笔，总有种"没什么可写"的感觉，一下笔要么是李白、苏轼、李清照，鲁迅、胡适、齐白石，要么就是马云、马化腾、王健林……兜兜转转一直是初中高中课本里或手机网页里那几个熟脸儿。

这里说个案例，一个学员写了一篇给丈夫的书信形式的情感文，其中有这么一句话："孙悟空一个筋斗云就能翻十万八千里，可他同样得陪唐僧老老实实走向西天，路上还要经历九九八十一难，才能取得真经修成正果。"

我不知道大家在看了之后是什么感想。

我想文章中的这位丈夫如果看到了，一定会气个半死，"居然用这么老套的故事试图说服我，我３岁就知道了，好吗？"

说白了，这些都是素材的匮乏和老套导致的。

为了解决这个问题，我从泛积累、关键词延展、时效信息三个方面来说说。

方法一：泛积累

我先来举个例子：

贾平凹老师讲过一个小故事，故事原文是这么说的：

朋友有口吃，说话慢。有天路上遇到有人问路，偏偏问路的人也是口吃，朋友就一语不发。过后，我问他为什么不说话，朋友回答："人家也是口吃，我要回答了，那人会以为我是在模仿戏弄。"

这是一则言简意赅的故事。

我们来思考这样一个问题：如果你没读过贾平凹老师的书，让你写一个有关于人生智慧、为人处世、情商修养方面的文章，你能找到这个非常合适妥帖的故事素材吗？

恐怕不能。

泛积累的素材，实际上不仅能够起到扩充素材的目的，还起到了素材反哺选题的作用。这是其他要素所不具备的特点。

泛积累，实际上可以和上一章做选题的两个环节结合起来运用，因为泛积累本身是选题之前的步骤，两者的关系是非常紧密。

　　具体的通过读书、读杂志、读新闻、读一切以文字为内核的内容（影视、综艺、音乐……），都要结合选题意识来进行，这是泛积累的核心逻辑，积累有很多种方式，但这个底层的逻辑不变。

　　这里我想强调两点：

1. 经典类的教材、经典的案例素材是"重灾区"

　　例如所有课本里出现过的人物（李白铁杵磨成针，杜甫千古绝唱"大庇天下寒士俱欢颜"，范仲淹"先天下之忧而忧"，苏东坡的坎坷人生……）、大事件、四大名著系列、必看世界名著丛书系列（《鲁滨孙漂流记》《钢铁是怎样炼成的》……）、民国人物系列（四公子、四才子、四才女……）等等这些，为什么说是"重灾区"呢？因为读者对这些故事都太熟悉了，写出来就像是作文。

　　就像前面说的，如果你用西天取经的故事去劝别人要脚踏实地，一般人是绝对接受不了的，因为实在听得太多了，太俗套了，太刻板了，太说教了！这样的案例有点儿类似于上一章提到的"选题落点"的问题，有些素材如果是脑海当中第一时间想到的，搜索的时候立刻就搜出来的，那这些素材就应该毫不犹豫弃之不用，可以想见有多少人跟你想的是一样的。要去找第三、第四、第五落点，唯有这样，故事才会新颖、好看、耐读。

2.专业而有普及度的内容是阅读重点

经典是滋养底蕴的，阅读专业而有普及度的内容，才是一个作者应该重点突破的领域。一个立志成为情感领域专家级的写作者的人，若是看很多社科人文类的书，其实对其写作是没有太大帮助的。学习该领域有权威性（大学者、作者）的内容，找来该领域有趣味性（专栏作家、畅销书作者）的内容，关注该领域有相关性（新闻热点、信息）的内容，这样能帮你建立一个知识体系，这个体系应该是涵盖深度与广度，同时涵盖和读者的关联度的内容；

这里再举个例子：

一位学员写了一篇文章，题目叫《姜子牙：人生最坏的结果，无非是大器晚成》，开篇她写：

80岁的姜子牙在河边钓鱼……后来周文王请他出山，平定天下……这个故事告诉我们……

这个例子有什么问题吗？乍一看，没问题，有理有据，耳熟能详，但坏就坏在这个耳熟能详上，全国人民，但凡看过《封神榜》的3岁孩子都知道的事，你还把它拿出来，耳朵都听出茧子了，能听进去早听进去了，是不是？

劝人不是这么劝的。

后来这个作者根据我给他的建议，修改了一下，就改了三个字，改成了《屠呦呦：人生最坏的结果，无非是大器晚成》，这个题目就很好，为什么？

知道屠呦呦的人，对她了解得并不多；不知道屠呦呦的人，看到标题，就知道这个人一定非常不简单。它直接关联到了读者阅读的好奇心，这样的素材新鲜，贴合时代，不会把大家再拽回教科书里。

泛积累表面上看是读书和日常生活中的点滴积累，但实际上，这样的积累是无时无刻不和选题意识结合在一起的，单纯的积累本身并不能发挥大的作用，也没有太大的意义。

方法二：关键词延展

试想一下：你要写一篇关于"好的爱情是什么"这样一个选题，而你手中素材有限，你会怎么做？

第一步肯定是找素材，那么找哪些素材呢？

你肯定不会去找职场的题材，而会选择输入"婚姻"，这样一个相关的关键词。

通过这个相关关键词搜索，我们能够迅速且精准地找到和文章核心信息有关的各种相关素材。

关键词延展重要的内容有两个：关键词筛选、关键词的渠道筛选。

1.关键词筛选

关键词筛选直接决定了你最终能搜集到的素材内容，前提是，你的文章里要有这些关键词。

我们拿学员诺依的《最好的爱情，一定是这三种样子》（发表在《读者》微信公众号上）这篇文章为例，这篇文章的三个小标题分别是：

余生不长，要和值得的人在一起；
活法不同，自己喜欢的才是最好的；
相处不累，好的爱情是互相成全。

第一个小标题的关键词是：余生要找什么样的人才是值得的？作者没有用杨绛钱钟书，也没有用三毛荷西、林徽因梁思成的例子，而是借用了当时"阚清子与纪凌尘分手"的热点事件；

第二个小标题中，有"活法不同"，其关键词是：爱情好的活法、坏的活法。通过这个关键词，作者找到了日本电影《入殓师》的情节，男主人公丢掉了工作，妻子选择和他回到乡下，哪怕男主人公最后当上了入殓师，妻子最后还是选择了理解，引申出只要是自己喜欢的，那就是爱情最好的样子的观点；

第三个小标题中，有"相处不累，互相成全"，其关键词是：爱就是相互成全。她精准地找到了《奶爸外企辞职回家带娃："老婆更会赚钱，我更有耐心照顾孩子"》的一篇热门文章做题材。

如果用的都是杨绛钱钟书、三毛荷西、梁思成林徽因的爱情故事，以及舒婷的《致橡树》、"相敬如宾"的成语解释，那这样的文章就太无趣了，也完全没有新鲜感可言，更不要说成为一篇情感类的小"爆文"了。因为用到了关键词搜索的方法，文章整个的面貌年轻了、接地气了、更有趣了，如此才能成为一篇优秀的新媒体范文。

有了关键词，写文章就不会无从下手。

这也就是为什么我在前面反复强调大纲重要性的原因。一篇文章的大纲当中，提供的信息越准确，越清晰，找素材的时候也就越能有的放矢。如果你连一段话想表达的意思是什么都不清楚，那写出来的文章就一定是一团糨糊。这就是孟子曾告诫后人的：贤者以其昭昭使人昭昭，今以其昏昏使人昭昭。

如果你自己都搞不清楚文章每部分想要表达的观点，稀里糊涂写出来，却想让读者搞清楚你说的是什么，这种想法非常可笑。

关键词筛选应当遵循词义准确、相关的原则。

如写"婚姻"话题，就应该根据题目和小标题进一步去精确关键词，如"好的婚姻""坏的婚姻""婚姻的真相""婚姻的意义"；另外，还要遵循逻辑相关的原则，比如还是以婚姻话题的文章为例，除了婚姻这样的关键词之外，还有没有别的关键词可以与之建立逻辑关系呢？一定有。

比如说，我们可以发出疑问：影响婚姻的因素有哪些？从家庭的角度出发，"原生家庭"会对一个人的价值观产生重大的影响，那这就是一个很好的相关逻辑；

再比如说，一个人的学历同样也会塑造一个人的性格和价值观，那我们就可以说，两个人的"三观"、见识、知识修养等，同样也是影响婚姻的相关逻辑。

由此可见，关键词的筛选，并非"头痛医头，脚痛医脚"的事情，还要综合考虑逻辑上是否相关联，是否能通过这样的关联进一步使文章具有层次性、多样性和可读性。

词义准确，逻辑相关，这是两个方法，使用时要齐头并进。

如果我们要写一个人，不能从头到尾就描写这个人的样貌、性格，还要写他周围的环境、周围人对他的影响、他对周围人的影响、别人眼里的他是什么样子……写奋斗，不能通篇喊奋斗的口号，也要写方法，写和奋斗相关的自律、忍受孤独等，建立逻辑相关的内容，这样文章才不会干巴巴。

2. 关键词的渠道筛选

故事素材的获得是通过渠道来实现的。首先，我们要搞清楚，新媒体写作当中有哪些被经常用到的渠道？

渠道可以分为三种：开放渠道，封闭渠道，社交渠道。

开放渠道以百度、今日头条等搜索引擎为主，而封闭渠道以知乎、悟空问答、微信公众号、新浪微博等社区为主；社交渠道则以如知乎"点赞破万观点"、网易云热评、豆瓣排名第一的书评影评、微博热门评论等来自平台与其平台使用者之间的社交互动为主。

这里出现的最大的问题就是，很多人不知道"知乎"是什么？怎么用微博来搜文章？怎么用一张百度图片找到一篇文章？这恰恰是问题所在——新的技术、平台运用得不熟练，甚至根本就没有更新自上学以来老师教给我们的写作文之外的写作技术。

例如，有人看了这么多年微博，却没有利用过它来找素材，以此来增加素材新鲜感的意识。真的是很浪费。微博有三个功能很重要：第一，微博热搜。这个不用我多说，比如今天的热搜头条是某对明星月底举办婚礼，如果你恰巧写一篇婚姻情感的文章，这就是一个很好的切入点。第二，微博搜索。微博搜索有一个很重要的功能，就是可以筛选文章和视频，你看到别人文章里有很多有意思的影视剧的截图、视频片段，都可以通过这个方式进行检索。第三，微博有很多有意思的号。包括"思想聚焦""读者""美文句子"等，这些大号里面往往有一些经过精挑细选后好的话题和句子。

例如，知乎高赞，如果作为一个写作者没听过这四个字，那你就要好好反思自己了。用关键词搜索可以在知乎上搜索出很多内容，得到各种优质的分享以及素材，同时，每个答案下面的点赞数越高，说明大家越认同，越有共鸣；另外，在知乎上搜索"有哪些……的句子"你会发现很多好的句子，几乎囊括了所有的好句子。这种句子的集锦和网易云热评有很相似的地方。

再例如，你甚至可以用百度图片来搜索文章，选出一个关键词，用百度图片搜索，找到有用的影视剧截图（图片下面都会有关键词提醒），记住，不要到此结束，继续点开图片，就能跳转到图片所在的文章来源页面，在文章来源页面，我们也能发现好的文字素材。

这些其实没有巧方法，我们要有 80 多岁的巴菲特学习使用苹果手机的精神。先知道，后使用，再熟悉，最后让这些新的、高效的平台成为你写文章有力的支撑。

一般来说，我们可以通过开放渠道和封闭渠道进行关键词的常规素材搜索，通过社交渠道得到好的素材和故事的观点。

我以当初给碧桂园写的一篇公益软文为例，将这部分的理论与实例相结合说一下。

原文如下：

这条视频刷爆 2019 年朋友圈：世界再大，大不过有人等你回家

01

最近，中国科幻电影《流浪地球》的预告片在国外网站上播出后，引发了不小的争议。外国人表示完全无法理解"中国人带着地球逃跑"的疯狂行为。就在双方争执不休的时候，一条留言被迅速顶到了最前面，这条留言写道：

中国人有着很强的家国意识，不管出走多远，家才是他们最后的终点。

无独有偶。

2019 年 1 月 3 日 10 时 26 分，嫦娥四号探测器成功着陆在月球背面预选着陆区，并在 11 时 40 分通过"鹊桥"中继星传回了世界第一张近距离拍摄的月背影像图，揭开了古老月背的神秘面纱。

图 5-1　嫦娥四号着陆器拍摄的玉兔二号

多家权威媒体报道了这项盛事。

其中，令无数人感动落泪的置顶留言只有短短一行字：

"玉兔，家里来人了……"

在这个世界上，恐怕再没有一个国家的人像中国人这样，对于"家"有着近乎疯狂的执着与深沉的眷恋。

以至于，当 BBC 再度将镜头对准了"人类历史上最大的史诗级迁移"——"春运"的时候，更是发出了"这事足以把任何国家搞瘫，但中国就能扛下来！"的感叹。

Mail Online

Home | **News** | U.S. | Sport | TV&Showbiz | Australia | Femail | Health | Science | Money | Vi

Latest Headlines | Royal Family | News | World News | Arts | Headlines | France | Pictures | Most read | Wires

The 'world's largest annual human migration' begins: Chinese people are expected to make nearly THREE BILLION domestic trips during the 2019 Lunar New Year

- Millions of people in China will be cramming on trains, planes, buses and boats
- The Spring Festival travel rush is the world's largest annual human migration
- It is a tradition for Chinese people to reunite with families during Lunar New Year

图 5-2

英国《每日邮报》发文"'世界最大的年度人类迁徙'开始：在 2019 农历新年期间，中国国内旅行预计近 30 亿人次"

30 亿人次，总里程预计达 12 亿公里，相当于地球和太阳之间距离的八倍……这些天文数字的背后，我们不禁问：

为什么他们要返回家乡，家是什么？

也许下面这张图能告诉我们答案。

图 5-3 来自抖音

1 月 24 日，抖音博主 @ 在水里淹死的鱼 上传了一个视频，视频中的父亲背了一个巨大的玩具熊，配文"这也许是父亲送给女儿的最好礼物"。这个视频获得近 30 万的点赞！

曾仕强教授在一次演讲时说："你看中国人再怎么忙，再怎么挤，也要回家过年，外国人问我'你们为什么要挤，打个电话回去不就好了吗？'其实他们完全不了解，我们在外的辛苦就是为了那几天短短的团聚，不然是为什么？我们每年这样庞大的运输量，全世界都叹为观止，中国人不知道辛苦吗？怎么不知道。背，再重的东西也背，挤，再难也要挤，千山万水，不辞劳苦，就为了短短的几天。"

深以为然。

家是不远千里地赶来，是不问西东；

家是倒挂的福字，是敞开的大门；

家是一根炮捻，轻轻一点，就响彻心海；

家是话到嘴边，却说不出来的一个又一个字。

02

上周末，跟几个朋友一起吃饭。

一群人中间，大花在北京是混得最好的那个。

有人问大花的来年目标。

大花站起来，将手里的酒一饮而尽，豪气万千地说："说出来不怕吓着你们！本姑娘要买一间两百平方米的大房子，什么出租房，小房子，哪能安放下本姑娘有趣的灵魂？！"

大花平时行事高调，即便是在圈子里，对她"拜金""不接地气"的议论也从来没有少过。

有人调侃说："得了吧大花，还大房子呢！我可听说你们家现在还住在四十多平方米的步梯楼里，你这话可有点打脸啊。"

大花哈哈笑了起来，然后不好意思地说："房子嘛，自然要越大越好的，但家不一样，再小再将就，那也是好的，很好很好的。"

沉默了三秒，这个时候不知道是谁小声说了句："头一回发现，大花还挺可爱的。"

原来这么一个刀枪不入、雷厉风行的人，一提到家，竟也露出了软肋。

在我们的生命当中，总是不可避免存在一些短板和遗憾，而家也许就是那块我们谁都不想补齐的短板，那份不想弥补的遗憾。这块短板叫"来处"，这份遗憾叫"乡愁"。

这两天，我的朋友圈被一条名叫《没关系，还有家》的视频刷屏了：

这条视频，从头到尾没有出现一句台词。

字幕上出现的是一个个不断变换着的身份，没有任何言语，却让人潸然落泪。

"没年终奖、没混出名堂、没考好、没生意、没房、没了公司、没赚到钱、没过好、没找到对的人、没了工作……"

看到这条视频的人，多少都能从中找到自己的影子，并且与视频中的人物发出同样的疑问与感慨：

"生活真的太苦了，人生就只能这样了吗？不！"

这个时候，门开了，那扇家的门被缓缓打开。

我们看到了另外一番截然不同的画面：

"没拿到年终奖，没关系，这一年你辛苦了。"

"没混出名堂，没关系，爸妈养你。"

"没找到对的人，没关系，好的事情也许会晚到，但不会缺席。"

"没赚到钱，没关系，一家人平平安安比什么都好。"

"没了公司，不用怕！大不了像当初那样，我陪你东山再起！"

"没关系，不用怕，回家就好。"

诚如碧桂园这则创意视频，正是为了传达这样一个概念：所谓的家就是此时此刻一个都不能少的团圆；家不是一个冷冰冰的概念，也不是一间空有装饰的屋子，家是一种向往安居的温度，是一家人生活的温暖住所，就像碧桂园一直以来所倡导的理念"家园，团圆，碧桂园"那样。

家是你鼓足勇气，它却从不设防备；

家是所有的梦想和底气都从这里出发；

家是助你入海的潮信，也拥你入怀的港湾；

家是两条路，一条叫衣锦还乡，一条叫"累了就回来"。

03

山姆·麦克布雷尼在《猜猜我有多爱你》一书中写道："我爱你，从这里一直到月亮，再——绕回来。"

家，何尝不是这样一个"再——绕回来"的地方？

不知道从什么时候开始，我们必须变得优秀，必须不断向别人证明自己过得有多么多么好，必须把自己弄得疲惫不堪才算体现自己的价值，必须往上爬爬爬才意味着不会被时代"淘汰""抛弃"……

你不敢抱怨，不好意思说这不是你想要的生活。

想吐槽公司同事给你使绊子，你犹豫了，担心隔墙有耳；

想走在马路上忽然大喊一声，你忍住了，会被当成神经病；

想跟出租屋的室友说点心里话，你放弃了，毕竟人心难测……

说真的，你有点累……

回家吧。

就像方文山歌词中写的："回家吧，回到最初的美好。"

卸掉焦虑，把那些所谓的优秀统统丢在门外，撕下厚厚的伪装，做回最真实的自己，去发现那些失败的可贵，去善待那些过往的平凡和简单的美好，去做减法，去学会放下一些东西；

在这里，你就是你，而不用再扮演那个"谁谁谁"。

在这里，你被倾听，被回应，你所有的念念不忘，都有回响；

你想哭就哭，想笑就笑。

你并没有任何了不起的地方，但现在的你却是如此地与众不同；

就像朋友圈一位朋友写的那样：

"世界再大，大不过有人等你回家。"

说真的，你对这个世界重要吗？可能并不重要。

可对于有些人来说，你却是世界上最重要的人：你是撑起这个家的精神支柱，你是他想立刻见到的爱人，你是威严又陌生的父亲，你是忙碌又可怜的女儿……

而他们，那些替我们守护着家的他们，同样是这个世界上对于我们来说最重要的一群人。

家是什么？

家是那双凑不齐的筷子，那串你不回就不点的爆竹；

家是非酒非茶，再寻常不过的粗糙饭食；

家是一年又一年，回不了头的倒计时；

家是你一开口，内心温暖得就像春天。

接到这个项目时，我和碧桂园广告部的人做的第一件事，就是定主题。当"回家"这个词成为双方一致的共识之后，这篇文章需要解决的其实就只剩下故事素材——如何讲好一个打动读者的故事？

我的方法，无非就是运用"关键词延伸"的三个渠道，进行了一个排列组合。

因为文章推出的时间是农历春节前后，所以第一部分我选择了大量的当时的热点素材，也就是通过开放渠道和封闭渠道找到的。例如，我用到了大热电影《流浪地球》的海外预告片的素材，用到了嫦娥四号探月的素材，用到了BBC对春运的年度报道的素材——所有的素材并非单纯的排列，为了突出主题"回家"，我故意在每个素材后面增加了一些网友对此事件的评论，因为单纯的故事很难让情感融入进去，而"某位网友的评论""某条留言"的形式，就是来解决这个问题的，通过互动渠道的素材的整合，读者明白了：哦，原来写《流浪地球》是说家国情怀，写嫦娥四号是对古代嫦娥奔月的一种回应，仍然是家的概念。

开放渠道和封闭渠道用来找素材是不难的，难的是这个素材能在多大程度上贴合文章的主题——这个时候，就要动用社交渠道，来使文章的情感落地。

至于时效信息，平日里多关注新闻等，多刷各大网站榜单，仔细留意身边即可。

二、素材使用的"黄金比例"

那么，新的问题就来了，开放渠道、封闭渠道、社交渠道搭配起来使用，有没有一个"黄金比例"，在写文章的时候能参考呢？

当然有。

在素材使用上，新媒体文章有一个极具经典意义的模型，我们可以称之为"1234原则"：

1（生活化的故事素材一则）+2（影视综艺案例一则＋新闻热点案例一则）+3（知乎高赞问答、观点一则＋网易云、豆瓣、

微博热评一则 + 热门文章案例一则）+4（名人金句四则以上）

不妨对照上面这篇文章，分析一下这个模型。

01 影视综艺案例一则（《流浪地球》+ 网友评论）+ 新闻热点一则（BBC 报道中国春运、嫦娥四号探月 + 网友评论）+ 曾仕强观点一则

02 生活化的故事一则（大花的故事）+ 影视综艺案例一则（碧桂园宣传片）

03 名人金句若干则（山姆·麦克布雷尼、方文山）

看，基本上就是套用这个公式。

这个公式几乎是为以观点类为主的文章提供了一个一劳永逸的解决方案，这绝不是夸张的说法，这是我在做编辑的多年时间里发现的基本规律，最起码经过了数千篇优秀范文的验证，我才敢下这样一个结论。

这类借助大量素材和观点来给读者打造的文章类型，我们可以把它命名为"知识增量型"文章。

知识增量型的文章，有一个显著特点，那就是，此类文章素材丰富，涵盖生活故事、新闻热点、综艺影视、书籍金句、热门文章、评论互动多种形式，极大地增强了文章的可读性和趣味性，让读者获得了各个方面不同程度的知识量的增长。

简单来说就是，一篇文章要能做到：最起码有一个故事或者一句话，让读者读起来感觉很新鲜，或者觉得从来没读过，读完这篇文章，就掌握了一些全新的知识。

这点很重要，没有知识增量的文章没有传播价值。

我们可以在黄金比例模型的基础之上，衍生出两个较为经典的写作模型：

线索话题（热搜事件、生活所见所闻）＋情绪（影视、综艺、新闻热点、知乎高赞观点、故事）＋情感（生活化故事）＋总结

观点吸引（像经典开头：一次逛知乎时，有一个问题问……其中有条留言回复……深以为然……）＋原因现状（名人案例、新闻热点事件、影视综艺案例）＋解决办法（知乎高赞观点、热门书籍解决方法、自我总结）

这两个写作模型可以造成一种信息量大的视觉效果，而其形式又极其灵活。

写种一棵树的经过，那肯定没人看，这是自说自话，孤芳自赏。

但如果你说"我种了一棵树，明白了做人的三个道理"，那看的人就多了，为什么？这其中的道理不用我再过多解释。三个道理分别是：做事不要用力过猛，对待人不要殷勤过甚，走好当下的每一步。

三个小标题有了，那就可以套用我们的写作模型了。

比如开头简单介绍你种了一棵树，然后从中发现了哪些道理，继而敲定观点，这个时候文章还没有展开，你可以用一个

引子，比如"知乎有一个点赞过万的回答……"

然后再开始第一个话题，做任何事情都不要用力过猛，可以讲述你自己身边的一个小故事，或者用网上找到的"刺猬定律"这个素材来开篇，或者是最近热门的综艺节目当中的某个场景等来开篇。

当然了，模型可以任意变化，只需要掌握一个原则，那就是：在形式上要有层次和变化，不要总是"我的一个朋友""我的一个同事""我的一个闺蜜"……

三、素材的整合

素材问题的最后一步，是整合。很多学员都跟我反映过一个问题，那就是：我的文章素材也够，论点也够，但弄在一起，总感觉七拼八凑，有浓浓的拼凑感，像是一个大杂烩，而不是一篇通顺流畅的文章。

问题出在哪儿？

问题出在没有对文章的逻辑、文字风格、信息等这些问题进行二次加工和整合。

首先，文章的逻辑要先搞清楚。

拿做菜来举例子，你把菜跟调料、佐料一下子全扔到锅里，那做出来的饭肯定没法吃。

炒肉要先放料酒去腥气，然后再加生抽加底味，再加老抽加底色，加糖增鲜对味道进行中和。写文章也是如此，主题是什么，小标题是不是扣题，是不是总结概括得够全面，例子有没有用重复，用的是不是太俗套的例子……好比说，你上面刚写了一个三舅的故事，第二段忽然来了一个《三国演义》，下一段又忽然来了一个综艺节目《奇葩说》，那这就太无厘头了，东一棒槌西一榔头，让人摸不着头脑。如果你在小标题上或者一些观点上做好标注，注意在第一点、第二点、首先、其次、从这几个方面……这样的表述上做好细节的处理，那这样的尴尬就完全可以避免，同时可以让读者觉得你的文章很有包容性。

有的文章之所以感觉乱七八糟，就是因为几个小标题表达不清楚，像写日记那样，想到哪儿写到哪儿，肯定不行。把框架搭好，文章就会清清楚楚，不会在大方向上给人一种非常混乱的感觉。

其次，统一风格。

你的文章当中用到了新闻热点、网友评论、名人名言、影视简介、生活故事……这些都有独属于自己的语言表达，不经过任何加工放在一起，就会使文章的语言风格不统一，这个时候要怎么做呢？统一润色，统一表达。要用自己的语言重新梳理故事的讲述方式，重新书写新闻的经过，重新讲述一个综艺节目发生的事。只有重新进行梳理，才能让表达风格统一起来。

同时，对于引用的部分，要用双引号标注清楚，跟正文区分开，就不会让人产生混乱的印象。

最后，加入个人化的表达。

同样的原料，两个人做出来的菜味道一定是不一样的，个性化的东西很重要。李白的写意跟杜甫的写实，就是迥然不同的两种风格。那么我们说，加入个人的表达，对文章进行金句、观点的统一润色，正是一种淡化拼凑感、提升自我表达感最好的方式之一。

鲁迅先生说："人类的悲欢并不相通。"

这就是一句纯粹的引用。而如果你接着写：深以为然，然后再引出自己的观点，那这样的引用就变得有目的性，和文章变得有关联，淡化了素材本身的独立性，提升了文章本身的包容性。

开头有讲到，素材和选题是一对难兄难弟，在对待它们其中任何一个环节的时候，不妨合在一起去考虑，问题就会简单得多。正所谓："兄弟齐心，其利断金。"

第六章

"走心的文章"：情感励志类文章的写作方法

　　很多人听到心灵鸡汤、励志正能量就躲之不及，好像一旦沾上这个东西就没了格调，实在没必要。这类文章是所有作者都避不开的题材，其实无须听到"鸡汤"就好像觉得自己看了什么不该看的东西，觉得写"鸡汤文"的人水平就很低，按这么说，大半个民国的作家都泡在"鸡汤"里了。

　　说了几句题外话，言归正传。

　　煲一手好"鸡汤"，比你想的要难上十倍。

　　先来看两则主打情感励志的广告文案。

　　第一则是快手在 2019 年春晚上投放的短视频文案：

　　只要你不停止歌唱，我就不会变老；只要你不服老，我就不服输；只要你敢闯，我就敢飞；只要你能飞上天空，我就能走向世界；只要你向前走，世上也没有能挡住我的山；只要你们都越来越好，我们就想大声唱。

　　第二则是滴滴推出的《不是每一个英雄，都要拯救世界》短视频公益文案，其中只有两句话：

不是每一个英雄，都要拯救世界；谢谢你，每个在路上的平凡英雄。

这两则广告都进入了年度十佳，尽管在有些人看来，这些句子就是"鸡汤"，就是热血励志，但是它们就是能打动我们。

这不就是我们写作的初衷之一吗？

触动人心最柔软的部分，然后看见力量，充满希望。

写好"鸡汤"励志类文章，有四个要点。分别是：一、明确文章结构；二、识别用户画像；三、熟识题材特征；四、运用常规技巧。

一、明确文章结构

在创作新媒体文章的时候，可以借鉴一些常见的文章结构。

而"鸡汤"和励志类文章的经典结构，就是"3+6 模式"。

也就是"故事＋观点＋故事＋观点＋故事＋观点"的模式，因为大致上是三个故事加上六段以上的观点总结的形式，因此我们称之为"3+6 模式"。

来看一期学员、畅销书作家狮小主当初写的一篇文章《你的沉默，自有力量》（发表在"十点读书"微信公众号上）。

你的沉默，自有力量

01

一次我和朋友在一家火锅店吃饭。

中间，不远的餐位上忽然传来一个中年女士的叫嚷声。

"你们餐馆怎么回事儿啊，怎么什么人都让进！"

服务员急忙过去。

原来，那位女士对面坐了两位"特殊"的客人：一位身体有残疾的母亲和她患脑瘫的孩子。

那位女士站起来，指着母子二人说："你们看看，那孩子吃个饭，口水汤汁弄得哪儿都是，还冲着这边傻笑，万一有什么病怎么办，请让他们立马出去！"

孩子的母亲站起来道歉："对不起，今天是我孩子过生日，我才带他出来吃饭的。他只是脑瘫，没有传染病的，我们这就吃完了，这就走这就走。"

她一边给儿子擦嘴角洒出来的汤汁，一边不忍责备地说："你怎么这么不小心呢……"

这时有人站出来说："你觉得别扭，可以换桌嘛，凭什么赶人走？"

"是啊，怎么能这么说话呢！"

……

众人开始为母子鸣不平。

"怪胎就别出来吓人！"谁知道中年女子越发嚣张，大有舌战群儒的架势，不管谁劝说都被她毫不留情骂回去。

就在众人调解不下的时候，前台走过来一个男人。

"我是这家店的店长，我们店有严格的消毒作业，可以对每个顾客的健康负责，如果您觉得用餐受到影响，本店可以为您调换包厢，但我们不会赶走任何用餐的客人。"

那位女士仍旧不依不饶，手舞足蹈，唾沫横飞。

"你猜，店长会怎么处理这件事？"朋友问我。

只见那位店长后退了一步，站在母子旁边，全程微笑看着那位女士，一句话也不说。

这个动作整整持续了一分钟。

那位女士明显感受到了对方态度的变化，慢慢降低了嗓门，心虚地嘟囔了几句，匆匆结账离开。

店长对服务员说："今天这个餐位的一切费用全免，另外，取消刚才那位女士的会员资格。打扰了大家的用餐，我在此深表抱歉。"

店里响起一阵掌声。

这位用沉默为母子挽回尊严的店长给我留下了深刻的印象。

王小波说："我们都是沉默的大多数。"面对陌生的人，应对临时的状况，吵架和强硬未必能解决问题，你并不需要用喧嚣来对抗喧嚣，也无须用强硬压制强硬。

有时，沉默本身就是一种力量。

02

闺蜜失恋后，请了一周事假。

回到家里，原本想要在父母那里得到慰藉和理解的她，却面临另外一番折磨：

　　"让你相亲，非谈什么恋爱，现在知道后悔了，回家来哭了？"

　　"饭也不吃，问你啥啥也不说，你是回来气我的，是不是！"

　　"你接下来打算咋办，好歹得有个规划啊！"

　　"事情的经过你好歹也跟我们说说……"

　　父母虽然关心，但是全是催促和责备。

　　终于，她无法忍受父母每天的唠叨，拖着行李箱去投奔同学。

　　同学去车站接她，见到她什么也没问，只说了一句："没事，你还有我呢。"

　　在同学家里，她们一起做饭，一起听民谣，一起看喜剧电影笑得前仰后合。同学对她失恋的事情一句话也没问过，她不说话，同学就陪着她发呆。

　　两天后，同学把她送到高铁站。进站前，闺蜜笑着问同学说："你真的就不问问我为啥来投奔你？"

　　那个同学摇摇头，上来拥抱她，说："一个人在外面，辛苦你了。"

　　闺蜜听完泪水夺眶而出，心中郁结的块垒也瞬间消融。

　　事后她说："当时，我感到有股力量把我整个人都治愈了。"

　　事实上，在面对困境时，沉默往往是治愈性的。

　　经历过"9·11"的美国学者肯尼斯·芬伯格（Kenneth Feinberg），在事件发生后对上百位精神受到极大创伤的幸存者进行跟踪的过程中发现：一个人在困境中时，很难相信倾听者能真正懂得自己的痛苦。任何外界的干扰，都会使其分心，并且难以摆脱困境，最好的方法就是不发出任何声音，保持完全的安静，这样对方会感到更舒服，并且能得到更快地恢复。

就像顾城在诗中描述的那样：草在结它的种子，风在摇它的叶子，我们站着不说话，就十分美好。

就像深沉的睡眠可以治愈我们疲惫的身体一样——沉默就像一粒种子，一片叶子，穿越芜杂的世事，纷纷然，抚平那些受伤的心灵。

03

前段时间热门的三国剧《大军师司马懿》中，司马懿和杨修这两个顶级智囊之间的斗智斗谋的情节让人印象深刻。

杨修年少得志，聪慧机敏，受到曹操的重用，并成为曹植与曹丕争夺世子之位的幕后操盘之人，但恰恰也是因为他的锋芒毕露，处处都要显示出过人之处，最终招致杀身之祸。

反观司马懿。

官渡大战后，曹操召司马懿入府，但他称病不去，蛰伏了整整7年（他深知河内司马家并非士族，无法和颍川士族的荀彧和钟繇相抗衡，时机未到，于是一直引而不发，默默无闻）。直到曹操彻底灭掉袁绍势力，他才料定时机顺势出山。

在此后的12年里，为防曹操猜忌，他仍旧引而不发。

直到夺嫡之争后，才逐渐得以施展抱负，对魏国进行大刀阔斧的改革，直至总揽军政大权。

他谨慎，曹操想要杀他都找不到借口；他隐忍，满朝文武除了荀彧都认为他根本就不是杨修的对手；他沉默，几次被魏廷用完即弃也毫无怨言。

孔明送他一件女人的衣服，对他百般羞辱逼他出战，他依旧默默照单全收。

可所有人都料不到：这个寂寂无闻，当了二十多年幕僚，诸葛亮出师北伐前连他的名字都不知道的无名之辈，忽然间官拜御史中丞，手掌兵权，加督荆、豫二州诸军事，成为文帝临终指定的顾命大臣，又官拜大将军，直至赚曹爽而权倾天下。

一步步夯实了司马家族一统天下的基础。

蝉噪林愈静，鸟鸣山更幽。

默至极致，自有气象。

有时，这个世界过于吵闹，充斥着说教，填满了语言，反而让人无法平静下来，在沉默中"浊以静之徐清"。

电影《寻访千利休》中，日本茶圣千利休在一间陋室里招待王公将相。

斯是陋室，四壁萧然，没有了外界的嘈杂和干扰，主人洗茶、煮茶、筛茶，与客对饮，只剩下默然和宁静，就连铁血的君王枭雄，面对此景也不禁怆然涕下。

以前我读《上邪》"山无陵，天地合，乃敢与君绝"，总是热血沸腾，以为这就是爱情的极致。直到读了孟郊的"波澜誓不起，妾心古井水"才被深深震撼：原来爱到极致，竟能如一井深水，默无波澜，连天地都不能将其转移。这该是多么伟大的爱情。

你横渡大海，自会明白大海在沉默中孕育着惊涛骇浪；

你翻越山川，自会明白山川在沉默中完成了沧海桑田；

你追慕长风，自会明白长风在沉默中推动着四季轮回；

你仰望白云，自会明白白云在沉默中怀揣着雷霆手段……

夸父逐日不语，鹏飞万里无言；

岭上花开寂静，水滴石穿默然：

你的沉默，自有力量。

这篇文章，就是典型的"3+6模式"段式的结构。

第一部分：餐馆店长的故事＋观点金句

第二部分：闺蜜疗伤的故事＋观点金句

第三部分：看电视剧的情节＋观点金句

在文章的结构上，这类文章表现出来的结构非常简洁，没有一丝花里胡哨的地方，也就是说，这需要作者完全用情感和文字故事来打动读者。

怎么能轻视它呢？

二、识别用户画像

写文章，首先要明白这篇文章是为谁写的。

是已婚的男女还是热恋中的情侣，是亲子关系的父母群体还是人情世故的中年群体……

举个例子：《人民日报》微信公众号有一个"夜读"栏目，选题主要集中在"励志""正能量""亲情"几个方面，受众群体涵盖广，内容具有普世性；"十点读书"微信公众号则稍以女性为主，选题主要集中在"女性""婚姻""人生"上面;《读者》微信公众号的内容就是25岁以上的成年人，选题主要集中在"生活方式""情商三观"上面，内容讲求实用，有观点有态度……

这其实也是一种投稿的技巧。

你会发现你写的东西受众越明确，平台过稿的概率就越大。

平常，有写作者会给我投一些恋爱话题的稿子，一般这类稿子都会被我驳回，《读者》微信公众号作为一个主要以25岁以上受众群体的平台，恋爱这个话题和平台本身构成的是一种弱关系。而感情和情感类就要适合得多，受众面也会更广泛。我给编辑写过一个选稿的诀窍，前半句叫：能谈感情，就不要谈恋爱；情绪先行，情感坐镇；能用观点，不谈道理。后半句叫：能说"人话"，就不喊口号；能接地气，就不端着；能大众就不小众；能成人化，就别孩子气和老气横秋。

说白了，明确受众群体，就是要建立文章与读者之间的"强关系"。

日本广告界大师川上彻也在他的代表作《好文案一句话就够了》中提到，撰写广告文案有三大基本原则：让对方认为与自己有关；使用强而有力的话语；让对方心中产生"为什么"。

"与我有关"这点前面提到过，同样的一个标题，《暑假带孩记》就让人提不起兴趣，稍微改动一下，改为《暑假带孩子一个月濒临崩溃：优秀的父母，从不做这三件事》就让读者觉得和自己有了一些关系，想看的意愿就强烈不少。

明确受众群体的目的，就是建立和这个群体的关联。

狮小主就是很典型的一开始就明确自身定位的作者，她将自己定位成"不打鸡血的鸡汤作者"，所用的例子、文章风格都高度保持一致，曾经在一个月内，走"小确幸"的路线，数次登上《人民日报》微信公众号的"夜读"栏目，被"十点读书"头条连转两天，这都是对用户画像准确地识别的结果。

知道你的文章是写给谁看的，这个问题很重要。

三、熟识题材特征

该类型的文章有哪些题材特征呢？

特征一：提供正向价值导向

来看两篇文章的标题《一个人越来越好的四种迹象》跟《一个人越来越丧的四种迹象》，这两篇文章是曾经都被选中的文章，但在阅读数据上前者明显优于后者，为什么呢？

前者提供的是一个正向价值导向——越来越好，而后者提供的是一个负价值导向——越来越丧。正面的东西是人们更需要的，而负面的东西会加大读者的心理负担，让读者积聚负面

能量,假如文章本身无法化解这些负面情绪,就会加重这种负担,在传播上也会变成一种负面传播;

例如,同样的一种表达:

表达一:我对婚姻失望透顶了。

表达二:如果你对婚姻失望透顶,不妨看看这三句话。

后者提供的就是一种更有价值的表达,是一种正向的、积极的价值。

特征二:文本尽可能通俗

此类文章,文字上一般都有通俗化的影子,动词多,短句子多,道理通俗,故事大众,富有生活气息。

往期的学员在写文章的时候经常喜欢用一些历史人物和素材,这其中有一个很有意思的现象,那就是同样是大词人,苏轼的受欢迎程度就是陆游的数十倍,这点能直接体现在文章的阅读量上;林徽因、三毛、张爱玲的受欢迎程度就是苏雪林、吕碧城、石评梅的数倍;邻居家张姐的故事要比美国总统的故事更适合当素材……大家会发现,越是大众的东西,越是通俗的东西,就越能传播开来,越有穿透力。

我们来看狮小主在《有一种幸福,常伪装成烦恼》(被新华社、"共青团中央"微信公众号转载)中用通俗的文字讲故事的手法:

上年冬天，我在北京实习，因为四处找房子，加上工作压力，又因为雾霾导致呼吸道感染，疼了一周，各种事情堆积在一起，心情非常不好。

我最后租了一个次卧。

主卧和另一个次卧住的分别是来自美国的Sarah和伊朗的Fatima，她们在中国当外教，平时大家很少沟通，基本上是各自做各自的事情。

有一天晚上下班后，忽然有人敲我的房门。

我开门一看，是Fatima。

她很着急地说："嗨，狮，能帮我个忙吗？"

原来她要提前买元旦回德黑兰的机票，但她的电脑上全是中文，网站标注的很多信息都看不明白。

我说："没问题。"

填好信息，在付款的时候我忽然发现，往返德黑兰的机票要将近五千五百块钱。

我有点不好意思地说："法蒂玛，对不起啊，我银行卡里余额不够了，我刚实习，还没发工资。"

"哦，我忘了先给你转账！你把卡号给我，我去楼下转给你。"

没过20分钟，我手机收到了转账通知，转过来五千六百元整。

买完机票，她非要请我吃饭，这时正好Sarah回来，我们三个就一起下楼，Fatima强烈跟我推荐一家街边的烧烤，点了一大堆烤串儿。

"狮，你太瘦了，应该多吃一些。你看起来状态很差。"Fatima跟我说。

"我也想像你们一样能出国，去外面的世界看看。我讨厌北京的雾霾和拥堵，也疲于应付激烈的竞争和人心的复杂。"

"狮，你要是生活在纽约，晚上8点后基本上就要待在家里，哪能像这样还能大半夜在小区门口吃烧烤呢？而且还可以在小区跟着一群大妈跳舞，我都上瘾了！"Sarah竖起大拇指。

"在我们那里，根本无法想象一个手机就能解决所有的问题，这里的共享单车太棒了！便宜得要死！如果碰上下雨天，打一个外卖电话，美味的饭菜就能送到门口。高铁更是超赞，上次我去黄山只用了5个小时，那里太美了，我还带回来好多又便宜又香的中国茶！中国人非常友好，所以我下楼给你转账的时候，就丝毫不担心你会赖账，哈哈哈！"

Fatima说完，我们三个都笑了起来。

"你们那里的雾霾没这么严重。"我感慨。

"可你们整个国家的人都在想办法解决这件事，不像我们，做什么都是一盘散沙。狮，你才是那个被人羡慕的人，这里才是未来。所有的人都在看你们。"

那晚，Sarah和Fatima的话，让我不得不重新开始审视自己的一些想法。

一个严肃的东西方文化问题、雾霾问题，在烧烤摊儿上三言两语就给解决了。如果她用了联合国的权威数据，用了官方的宏观报道，那样的文字未必就适合，反而是这么一个接地气的场景，加以接地气的描述，让人看得津津有味，作者想要传达的观点，自然也就容易被人接受了。这段描述几乎没有用到形容词，全是动词、短句子和对话的方式，采用的场景，无非是合租、转账、订飞机票、吃烧烤……都是最寻常的生活场景。

2019 年，上海交通大学的一则招生广告火遍了社交媒体：

老牌名校，源于 1896……美容美发、汽修、厨师、挖掘机等全球热门专业，我们都没有。我们是上海闵行的高级技工学校，就要在专业生产复合型人才上面留一手，没有挖掘机、美容、汽修，但我们有百台世界先进科技设备供学员练手。东川路男子职业技术学院，实现才华的兑现，坚持在闵大荒开荒拓土。东方麻省理工双一流一本院校，国家 211、985 认证，无论你考多少分，只决定你在哪家学校打游戏，在哪里收快递，既然都是 600 多分，何不选择上海交大？体验全世界最 high level 的收寄快递，菜鸟驿站，包裹免费保管，智能柜刷脸取件，智能分拣，无人车寄件，多元服务，校园智慧物流解决方案。这里是交大女生最多的地方，这里是爱情萌芽的圣地……我们在交大等你。

这所百年名校的招生广告，也真的是"土味"十足了。放下了高等学府的架子，和年轻人打成了一片，赚足了关注，让读者会心一笑，继而对你刮目相看，最重要的是看不腻。

这个案例并不是针对文章本身，而是对通俗这个字眼的一种延伸解释。只为强调一件事：

当文字深入到通俗之中，文章的烟火气就出来了。

特征三：身份代入

为什么大男主、大女主的网文那么受欢迎？就是因为读者可以在主人公还默默无闻的时候，跟随着他一路打怪，看他最后实现人生逆袭。新媒体文章也是一样，一定要有身份感的人物出现在故事之中，唯有这样，才能打造"沉浸"的阅读体验。所有的故事，归根到底，都是人的故事，不是哪个国际峰会提出的什么倡议，也不是历史上哪些重大事件对后世的影响，而是我们身边的人和事。

"当我读这个故事的时候，我就能想到我身边的某个人。"

有了代入感，我们就和文章有了更加深刻的、积极的关联。

以上，就是这类题材的几个特征。

四、运用常规技巧

情感励志类文章往往有自己的一些常规技巧。

技巧一：隐去第一身份

尽量隐去第一身份。

"我觉得……"

"我认为……"

"我们总在……"

这些都是很糟糕的表达，如果不能消除自己的"存在感"，就会对读者造成冒犯。不要让读者产生一种"正在看故事，被作者自恋的'认为'打断"的感觉，尽可能用故事当中的人物，打造"沉浸感"和"代入感"，把故事还给故事本身。

技巧二：增强文章末尾情绪

一篇好端端的文章，因为结尾时太过草率，让读者没了转发欲望。这类文章通常在结尾时犯了一个非常严重的错误：压制情绪。

受传统文章的影响，作者往往在文章末尾讲求意境或者留白，但这样却打压了情绪，一旦读者陷入了思考，或者产生了平静、冷静的想法，转发动机就消失了。这不是新媒体写作者应该做的事情。新媒体写作者应该让文章扩散出去，因为阅读量本身也代表了一个生产力维度。

还拿《有一种幸福，常伪装成烦恼》这篇主打温情的文章为例，我们来看一下它的末尾是怎么处理的：

我们习惯于盯着远方，仰望高处，却很少留意身边和当下，忽略了寻常巷陌的风景，忘却了铅华洗尽的朴素。烦恼的皮相之下，自有一派人间缠绵的烟火气。

人生若比喻成一条河，这途中总会遭遇各种各样未知的挑战和无穷无尽的烦恼——

从雪山逐级而下，不得不夹杂着泥沙，昼夜不息地奔腾；为了走出大漠，又必须忍受缓慢而酷烈的气候；横渡平原的时候，或被支脉分流，或遭洪水漫延，直至入海前的一刹那，仍需奋力一搏，与之激荡交融。

而那些不忍回顾的途经，有的成了幽深险绝的峡谷，有的成了漫漫沙海里的绿洲，有的成了浩渺开阔的湖泽。

成为人生那场波澜壮阔的旅途中，最为引人入胜的风景。

文章本身的基调是温情的，到了末尾忽然奇峰兀起，一连串的排比句极大地增强了气势，极大地宣扬了文章本身的积极情绪，让读者原本平静的心，起了涟漪，甚至起了波澜。

在前面的章节中讲过，文章末尾要多用语气词，要用排比句增强气势，要反复强调文章论点，提出质疑，唤醒读者情绪，直至让读者的情绪彻底得到宣泄和爆发，产生转发动机。

靡不有初，鲜克有终。文章末尾恰是见作者功力的地方，不可不察。

技巧三：讲一个好故事，比什么都强

下面是一个故事修改前和修改后的两个版本：

修改前：

初入职场的表哥，工作很努力，却得不到提拔。公司聚餐时，表哥多次向主管敬酒，希望得到机会，可主管置之不理。在一次责任事故中，表哥被主管诬陷成责任人，最终离职。后来在新公司的招标酒会上二人重遇，主管得知表哥是负责人后，主动提出合作，并接连向表哥敬酒，还夸赞说一早便看出他的前途无量，而表哥无动于衷，对主管表示：没有当初前辈您的"打磨"，也不会有我现在的成绩啊，那些事儿我还记着呢。

修改后：

表哥曾在一次家宴上给我说过他的故事：

当时他初入职场，为了拿下一个重要的单子，在饭桌上，他连番敬对方的主管。对方说只要他能连喝十杯酒，就签合同。

表哥硬着头皮喝了十杯酒，没想到对方笑着对表哥说："年轻人，我就跟你开个玩笑，你还真喝呀！要谈也是你们老板跟我谈，哪轮得到你啊，是不是？"

事后，表哥胃出血被送到医院抢救。

两年后，表哥升到了主管，在一次招标会上，他又碰见了上次那个人，对方满脸堆笑给表哥敬酒，并说："当初多有得罪，还请老弟别往心上去，我自罚三杯。"

表哥不动声色回敬了对方："没有您当初的提点，也就没有我的今天了。只是我今天喝不了十杯。"

我听完笑着问表哥："你不是总说你是个从来不记仇的人吗？"

"对啊，我不记仇，但不代表我会原谅当初的戏弄。"

励志，你怎么励志？鸡汤，汤的香味从哪来？一定是通过故事和细节去励志，是通过细节给汤加料，而不是像观点文一样去分析、去阐述，所以，故事写得好才是这类文章的核心要点。

场景化叙事技巧有很多，在本书的第二部分，我将专门讲"如何写好一个故事"这个问题。

技巧四：不长篇大论

此类型的文章，要避免太长，这个"长"是什么概念呢？

两千字，就是一个天花板，《人民日报》微信公众号的"夜读"基本上是固定的一千五百字，为什么要控制字数？因为这类文章本身就会有一些腻，本身容易发腻的题材，要控制字数，控制好金句和说教部分的篇幅，过犹不及，压缩这部分内容，是为了突出故事。

以上，是我们对情感励志类文章的一些心得，这类文章看似简单，实际上有非常多的技巧，需要经过多番刻意练习才能写好。有的人文章热血沸腾，有的人文章犀利尖锐，有的人文章温情满满，有的人文章隽永清新，不同的风格源自不同的经历和写作习惯。

格调、情致、风流……这些都可以有时间再去拾掇。

讲故事的文章，动人就够了。

第七章

"上头的文章"：观点态度类文章的写作方法

身边总是有人问我：新媒体文章和传统文章的区别是什么？

我说："很简单，只需要看到一点，那就是新媒体文章的本质是什么？本质是'故事＋观点'。新媒体写作，本质上是故事加观点的写作，有时候内容占上风，有时候观点占上风，在此基础上分出了情感文和观点文，所以新媒体文章其实蛮简单，就是一个故事，加上一个观点。"

本书所有的重心，均是围绕"如何讲好一个故事＋如何表达你的观点"这两点展开的——无论是如何拟标题更好地突出观点，还是理顺大纲更好地表达观点，还是写好开头结尾使观点能产生较大的影响力；无论是搜集素材找到故事，还是确定找什么样的故事——这一切的核心都是围绕"故事＋观点"来进行的。

上一章，我讲了情感励志类文章的写作要点，这类文章更偏重于故事的内容。本章，我们来讲另一种重要的文章类型，观点态度类文章。

观点态度类文章区别于以叙述见长的情感励志类文章，此类文章侧重的是引发读者思考。

其本质，就是观点统御全文。

观点态度类文章中的故事、金句甚至模板，都是为观点服务的，一旦文章的观点确定，那就要围绕观点展开论述，同时要压缩不必要的情节，使论述不偏离主题。

所以，观点类文章最易产生"爆款"。

我从"观点文写作的四要素"这个话题来说一说，如何写好一篇观点文。

观点文写作的四要素

要素一：亮出核心观点

观点，是这类文章的核心和灵魂。

我们分别来看一组文章标题和一组广告标语：

文章标题：

《张雪峰在衡水中学演讲：孩子不想读书，就带他去这四个地方看看》

《你的自律，能救命》

《毁灭一个家庭的，不是穷，是固执》

《幸福的家庭，从来不是三观相合，而是不争对错》

广告标语：

京东：多快好省，购物上京东
格力：掌握核心科技
抖音：记录美好生活

这些文章的题目和广告标语都有一个特点，那就是标题本身传达出一个很鲜明的观点，以广告标语为例：京东的多（品类丰富）快（物流迅捷）好（品质优良）省（价格优惠）的表达可谓是"简单粗暴"，但这样的简单粗暴却非常有效；格力传达的是一种技术引领；抖音传达的是一种生活方式……总之，第一时间要让读者和受众产生共鸣或者击中他们的痛点——**"亮剑"绝不能犹豫不决，必须直接而有力量**。

那么，核心观点有哪些特点？

首先，观点足够直接。

直接抛出观点，会给人一种酣畅痛快的阅读感，仿佛积压在读者自己心底的话，终于有人替他们说了出来一样，例如这些标题：

《千万不要小看那个内向的人》
《真正聪明的人，为什么很少去参加饭局？》
《不读书，你拿什么跟人开玩笑！》

如果我是读者，我愿意给一篇文章的题目两秒钟的时间，一秒钟读完这个标题，一秒钟决定要不要读这篇文章，如果连代表一篇文章的核心观点都不能吸引我，那我是绝对不会给这篇文章机会的。大标题是这样，文章中的小标题、每部分开始或者结束的时候的小观点，甚至每个故事、每一次对话所传达的观点，够不够直接、有效——这都是衡量一篇观点文章合不合格的指标。

一眼就能看得懂，读者一下子就知道这篇文章的观点——做到这一点，就够了，就到位了。

其次，观点颠覆常规认知。

一篇文章的核心观点，往往和大众认知，也就是我们说的"常规认知"（女人应该相夫教子、孩子不该看任何课外书等）、习以为常的观念截然不同，读者因为思维被颠覆，被纠正，或被升华产生阅读的渴望，例如：

《〈芳华〉：一个社会的堕落，是从"表扬善良"开始的》（不应该表扬善良？）

《那个爱加班的年轻人，被强制辞退了》（加班不是努力的表现？）

《老实人就活该被欺负吗？是！》（老实人被欺负是应该的？）

前段时间，微信公众号"酷玩实验室"发了一篇叫《旺旺开的"山寨医院"，悄悄走到了抗疫前线》的文章，说真的，我也没想到，在我印象中一个只卖雪饼和牛奶的企业，居然玩儿得这么跨界。

当读者的常规思维被颠覆的时候，那种好奇心就会情不自禁想要"窥探"。

颠覆常规认知，一般来说有三种形态：认知颠覆、认知纠正、认知升级。

它们蕴藏的能量也是不太相同的。

"认知颠覆"所带来的阅读震撼是最大的，可以产生疯传的"爆文"。例如"酷玩实验室"的《旺旺开的"山寨医院"，悄悄走到了抗疫前线》；中国新闻网的《报复性消费还没来，报复性存钱先来了！》；LinkedIn 的《为什么现在的 90 后都不愿意讨好领导了？》……

"认知纠正"的能量次之，往往是常规选题常用的"爆款"思路。例如"科普中国"的《洗衣机用完要不要拔掉插头？原来这些年一直都错了》；《读者》微信公众号的《婚姻的真相：无论跟谁过，其实都一样！》……

"认知升级"能量再次之，这和它本身系统性的知识体系和趣味性偏差有关。例如"哲学与艺术"的《BBC 最新纪录片：中国最伟大的诗人——杜甫》，是关于"杜甫走红欧洲"这一备受关注的文化事件的文章当中为数不多的阅读量"10W+"的一篇，认知的升级对于普通人来说是比较难做到的，因为读者有这样一个逻辑：颠覆和纠正都是简单的，但是升级太难了，就好像让一个初中生试图去彻底理解微积分一样。

最后，观点触动痛点。

因为文章触动了读者内心不敢面对或者不愿面对的焦虑、现状等问题，就抓住了他们的心，例如：

《36 岁下岗收费大姐哭诉和 83 岁奶奶应聘阿里：不懂得学习的人，正在被时代淘汰》
《你越合群，混得越差》
《你花钱的方式，暴露了你的层次》

这点不需要说太多，也说了太多了，如果一篇文章不能让人有所触动，那毫无疑问是失败的。

要素二：案例高度匹配

观点文当中，案例的匹配程度的高低，直接会对文章当中的观点的说服力产生相应影响。

通篇都是观点，文章就会有说教味；而堆砌案例，没有观点，文章所要强调的观点就会变得不明确。因此，在有了核心观点后，合理适当地采用高度匹配核心观点的案例，才能真正写出一篇观点明确、案例精彩的好文章。

高度匹配的案例，需要从"主题匹配""维度匹配""逻辑匹配"三方面来说：

1. 主题匹配

在前面，我谈到过诺侬的那篇关于吃早餐的文章。文章的主题是"早餐很重要"，因为聊到故事，思路放飞得严重，案例出现了早餐、午餐、晚餐三个概念。案例一定要匹配关键信息，否则一旦偏离主题，文章跑题，也就谈不上说服力了。

我之前在批改文章的时候，也遇到过这种情况：

一个学员写了一篇关于"什么样的人最值得交往"的主题文章，文章第一部分主要写他有一个朋友住在山上，他要去山上拜访，通过跟朋友的交谈，明白了值得交往的人是什么样的。

这个结构比较清晰，没有问题。

但是文章当中出现了一段描述，这段描述出现在他上山拜访朋友的那部分文字当中，他原文是这么写：

走到半路，忽然看见眼前出现了一簇簇高耸入云的大树，密林之中，乱云驰骋，飞鸟翱翔，山下的景象也有了极大的变化，地面远如凡尘……

这样的一段描述，从文字本身来看没任何问题，但是，跟文章的主题并没有什么关系。我建议他删掉这部分，他心疼得要命，说，这段话是这篇文章的精华，最有文采。

一段寻常无奇的风景描述，越过文章的主题"什么样的人最值得交往"而成了"精华"，这真是奇怪的想法，这是典型的"有佳句无佳章"的写法。写文章的时候要贴着主题，不要"放飞自我"

地写了一大堆远离主题的文字。

2.维度匹配

有的写作者在写文章的时候，倒没有出现案例与主题不匹配的问题，而是出现了另外一个问题——案例重复。

在《你越合群，混得越差》这篇文章中，作者举了三个例子，第一个例子是自己的一个学弟在宿舍跟舍友打游戏，混得很差；第二个例子讲的是一个职场员工跟同事混圈子，结果混得很差；第三个例子讲了一个大学教授，整天忙着混圈子，最后混得很差。这三个例子乍看起来是三个故事，时间场合人物都不一样的三个故事，其实是完全没有区别的一种叙事逻辑，重复讲故事，没有角度，没有正反对比。

在第五章，我总结过一个新媒体文章写作的经典模型，也可以称之为"1234 原则"。

1（生活化的故事素材一则）+2（影视综艺案例一则＋新闻热点案例一则）+3（知乎高赞问答、观点一则＋网易云、豆瓣、微博热评一则＋热门文章案例一则）+4（名人金句四则以上）

使用"热点新闻""生活化案例""影视综艺""知乎高赞观点""网易云热评""微博热评""名人金句"，就是为了打破扁平的叙事逻辑，在形式上达到错落有致的状态。

在第二章，同样有两个经典的叙事模型。

"并列式"大纲叙事模型：

中心主题（线索案例＋主观点）＋一方面来说（案例＋分观点1）＋另一方面来说（案例＋分观点2）＋再一方面来说（案例＋分观点3）＋总结升华主题（强化主观点）

"递进式"大纲：

中心主题＋是什么？（问题展示）＋为什么？（事件的好处 or 危害）＋怎么办？（总结和方法论）＋升华主题

无论是以"素材"为维度来构建的写作模型，还是以"大纲"为维度来构建的写作模型，它们的目的都很简单朴素，就是让每部分都说不一样的内容，让文章在形式和内容上都丰富多彩，有增量知识、有"获得感"、有热闹的感觉。

3. 逻辑匹配

这里说一点，在观点类文章中讲故事的时候，可以用到的叙事逻辑。

因为上一条"维度匹配"里所谈到的几个公式模型，就是文章逻辑的具体呈现，不用一而再再而三强调。

"为什么别人的文章读起来顺畅，有感觉，酣畅淋漓，而我的文章读起来总是没什么感觉，平淡无奇呢？"

一篇逻辑严谨的文章，有三个特点：

阅读（主线）流畅、条理（层次）分明、让人（论点）信服。

怎么做到这种程度呢?

可以记住一句话:**"先概括,后具体;先结果,后过程;先观点,后阐述。"**

来看一则案例:

一篇题目叫作《婚姻好不好,看看厨房就知道》的文章,作者在开篇的时候,是这样写的:

每次出去旅行时,能尝到朋友在家里做的菜都会感到幸福。有次想到母亲的话:"要看一个人家日子过得怎么样,只要看看这一家的厨房就好了;你要知道一段婚姻好不好,也看看厨房就知道了。"

通过厨房这样一个场景,直接抛出观点:厨房,能看出婚姻好坏。

这样一个开头,先开门见山给读者吃了一颗定心丸,再去讲故事,这样一来,读者就会很从容,知道你要说的是什么。

采用"先概括,后具体;先结果,后过程;先观点,后阐述"的方法,文章就符合读者的阅读习惯和大多数人的思维模式,阅读起来就不费劲,让读者既收获了畅快的阅读感受,又有启迪,这样的文章才是赏心悦目的好文章。

这个道理说起来很简单,但实际上,很多写作者在无意识中常常背离这样的原则,陷入"自嗨式写作"当中,

比如这样的开头:

今天，阴雨连绵，我的心情就像这天气……

四月的天，晴朗明媚……

春城阳光正好，微风不噪……

我们不是在创作散文，或者是写日记、写作文。

这些对文章起不到任何作用的写作是一种自己说给自己听，还硬要求别人看的"自嗨式写作"。要明白，写作是为了建立人与人之间的情感关联，而不是让自己感动。**写作是"我们"的艺术，不是"我"的艺术。**

文章开头一定要贴合文章的核心观点和立意。

例如，你要写一篇《回家吃饭，是子女最大的孝道》的文章，这个题目当中已经表明了核心立场。可是如果你开头这样写：

"在外面工作的 3 年，很辛苦，每天都要……我妈打电话让我回家吃饭。"

这样过分的铺垫，于事无补，对文章也没有太大的辅助作用，就不是很好，开头要直接拎出文章的核心观点：

"今天，我妈打电话告诉我，小长假必须回家吃饭。"

有了一个呼应主题的描述，你再讲你在外如何如何，矛盾是如何引起的，这样逻辑才是有张力的，才有可读性。

要素三：科学使用逻辑

上面讲了写作当中的逻辑匹配，这里，我想从更加宏观的角度再强调一下：

观点类文章的创作有其内在的逻辑和规律。

一般来说，此类文章有一个比较通用的结构，即：

是什么（主题）、为什么（案例）、怎么办（观点）

所有的观点类文章，都是在解决这三个问题。

一般来说，观点文大的逻辑有这么几个脉络可以参考借鉴：

1. 个体的感触(吸引)——群体的触动(共鸣)——反思(解决)
2. 情况(线索事件)——情绪(多维度案例)——情感(共情)

来看狮小主的一篇文章（《读者》、思想聚焦等微信公众号转载）：

见过世面的人为什么与众不同？

真正的见识是让人变得优雅、从容、通透和睿智的。而不是一叶障目的盲目崇拜，不是浅显幼稚的肆意鄙夷，更不是轻佻和浅薄。

01

上初中的时候，我后排有个女孩儿，迷恋琼瑶简直到了不能自拔的程度。

那时候《还珠格格》正在热播，她每晚必追，边看还边用本子记台词，第二天来了就给我们讲电视剧。

有天早上上课前，她冲进教室跟我们说："哎哎，看昨天的《还珠格格》了吗？紫薇写的那首诗简直太棒了太神了！"

然后她就开始念："你也作诗送老铁，我也作诗送老铁。江南江北蓼花红，皆是离人眼中血。听听，听听，前两句那么俗，后两句又那么雅，琼瑶阿姨的文笔简直好到炸！就后两句诗，估计让李白杜甫去写，也不过如此吧。"

显然她抑制不住内心的崇拜之情。她问在一旁复习的语文课代表舜华："舜华，你觉得这首诗怎么样？是不是很棒！"

舜华是学校公认的小才女，因为爷爷是市作协的主席，所以她从小耳濡目染读过很多书，每次的作文都会被当成范文在全校流传。

舜华："写得是很好没错。"

女生："我就说嘛，琼瑶阿姨的文笔没有哪个作家能及得上，要不能这么火吗？"

舜华："诗写得是很好，但来源却不是琼瑶。而是出自《西厢记诸宫调·小亭送别》中张生的唱词，我记得原文是：'莫道男儿心如铁，君不见满川红叶，尽是离人眼中血。'我想，这个老铁的典故应该也是从这段话里演化而来的，至于后面则直接套了原文。"

舜华说完，把我们都震住了。

女生嘴里不能再好的"江南江北蓼花红"没让我们感到哪里好，反倒是舜华引经据典信手拈来的学识让我们心悦诚服，这得读过多少书才能这么出口成章啊。

那是我第一次体会到：这就是见过世面的样子吧。

宫二在《一代宗师》中说："见自己，见天地，见众生。"

很多时候，我们一心想要见众生，却没想过，我们见到的可能只是自己，自己和众生之间，更是天高地广，浩瀚无垠。

真正的见识，是让人变得优雅、从容、通透和睿智的。而不是一叶障目的盲目崇拜，不是浅显幼稚的肆意鄙夷，更不是轻佻和浅薄。

02

闺蜜昨天从郑州回来，跟我说："小狮，我发现自从我来北京以后，整个人都淡定了好多。像以前在郑州的时候，一到要去给客户送材料，我就会感到不安，心里就会想我该怎么坐车？会不会迷路？大楼 abc 座走不出来怎么办？现在想想，我在西站和国家大剧院的迷宫里都迷不了路，连着换四五趟地铁都能哼着小曲儿不错站，还有什么可怕的？"

如果你心里住了一片海，自然就能笑对风浪。

她这次回北京是办交接的。两年前，总部把她派到北京，那之后，她在雁栖湖参与了大小上百场接待活动，大到接待世界各国元首，小到主持一场婚礼，见识过各种的场合和各样的人物。

这次回郑州，她临时接到任务，要主持一个大型博览会的主会场布置工作，过程井井有条，让公司高层领导极为赞赏，为此决定提前将她从北京调回，担任部门主管。

她刚来北京的时候，曾在一场婚礼上当传菜员，因为不小心把食物汤汁洒在了客人的礼服上，被对方骂得狗血淋头。

为此总部要把她调回郑州，可她愣是愿意在后场刷两个月盘子，以获得第二次机会。

那两个月，她每天平均刷一万个盘子，十几个小时下来，手臂肿得都打不了弯儿。

她说："每天刷14个小时盘子的活儿我干过，各国元首的晚宴现场我也主持过不下10场，最坏的最好的，都见过了，都体验过。所以，我什么也不怕，我相信自己能做好一切，哪怕是再回去刷盘子，我也是那个刷得最快最干净的。"

体会过最好的，也承受过最坏的；不卑不亢，举止从容；心中既有高山，又有深谷；

既对生活踌躇满志，又谦卑温顺；繁华过眼仍旧内心纯真，沧桑履目依然不改本色。

也许这就是见过世面的人生吧。

见过世面的人，都有一颗包容的心和一个广阔的上帝视角。

这颗包容的心，这个广阔的视角，让他们清楚地认识到自己的局限，也清楚地领悟到世界的无限，从而将自己相对有限的生命的众多优秀特质都发挥到极致。

03

我们小区住着一个中学老师，他教育孩子的方法别具一格。

每年寒暑假，他都会带着刚上初中的儿子去北上广、去西安、去浙江，他带儿子去看的不是鸟巢、水立方，不是迪士尼、东方明珠。

而是北大、清华、复旦、浙大这些名校的学生平时生活和学习的校园。

每次，他都用一周的时间住在这些学校附近，然后每天带着儿子在校园里感受学校的氛围，去教室听课。

然后他会带着儿子到附近最普通的本科院校再去感受和体验，这样的强烈对比，让孩子的视野立马变得不一样起来。

他的孩子从来不用家长督促去学习，而且成绩始终名列前茅。

因为孩子亲眼看见过最高学府的风采，他明白只有努力学习才能考上那些环境又好，同学又好，老师又好，教学设备等都好的名校，而如果不努力，他就只能去那些三流学校读书。

当身边的同学还在为考试不及格而感到苦恼的时候，他心里追逐名校的梦就已经生根发芽，他知道那里有一个更加美丽和精彩的世界在等着自己。

见过世面的格局是完全不同的。

04

有人会说，这些都需要付出大量的时间、金钱。

可话说回来，干什么不需要付出代价呢？

如果不打破自我原有的局限和屏障，一味故步自封，画地为牢，我们终其一生都可能在一个狭小的范围里兜兜转转，毫无起色。

无论是读书、工作、学习，还是其他任何重要的事情，我们接触到的，多数情况下都只是冰山一角。

只有继续深潜，继续高跃，才能不断扩大生命的半径，才能看到更加精彩的风景，才能接触到更加优秀的人物，才能不断突破现有的平庸和碌碌无为，才能夯实生命的厚度和拔高人生的视线。

真正见过世面的人，并非要看过世界各地的美景，出席过重要场合，接触过杰出人士，有过非凡的履历。

而是见过自己，想见到更好的自己，继而成为更好的自己的人。

佛家讲：见山是山，见水是水；见山非山，见水非水；见山仍是山，见水仍是水。

还是同样的山水，还是同样的人，因为见识过，所以大不相同。

鬼才信你愿意承认自己是个没见过世面的人。

文章从身边的一件小事儿（线索事件）说起，然后提出文章观点"见世面很重要"，从不同的维度（多维度案例）来论证该观点，最后一部分总结。

这是一篇较为典型的常规选题的观点文。

写作时，不需要像构思一部长篇巨著那样，将逻辑搞得非常复杂、精密，不管是总分论述，还是多维度平行叙事，只需要用最简单的逻辑，让读者感受到你的观点和情感，就够了。

要素四：暗示和高唤醒

一篇好的观点类文章，要时时刻刻暗示读者、唤醒读者，那么，暗示和唤醒读者什么呢？

1.让读者产生成就心理

要让他们阅读完一篇文章后，产生一种"学到了很多，明白了很多"的成就感，从而渴望转发到朋友圈，和更多人分享这种成就感。

2.让读者产生从众心理

一些热点出来后，有些人很可能还不知道发生了什么，但是大家都有从众心理，第一时间看到的最受欢迎的热点文章，大家都在转，他们也会不自觉地参与其中。

3.让读者产生炫耀心理

如果你的文章观点新颖充满正能量，说出了大家想说但没说出来的话，那么这样的文章大家自然会争相转发到朋友圈里"炫耀"，就像是在说"你们都还没想到这一点吧，我就是这么认为的！"只要抓住这一点，你就抓住了读者的注意力。

而"高唤醒"这个概念，也越来越多被用到了观点类文章当中来。

	高唤醒	低唤醒
积极	敬畏、兴奋（幽默）	满足
消极	生气、担忧	悲伤

　　高唤醒、低唤醒分别有"积极"和"消极"两个维度，我们要格外注意的是积极的高唤醒和消极的高唤醒两类。无论是哪一类唤醒，最后要带给读者的都是解决问题，积极向上的观念，一种能改变当下，精进跃迁的正向能量。

　　例如，《屠呦呦：人生最坏的结果，无非是大器晚成》就是一个典型的消极高唤醒；而《越努力，越幸运》就是典型的积极高唤醒。

　　要注意的是，写文章时尽可能避开消极低唤醒和积极低唤醒。

　　例如：

《我们用尽力气，只为接受自己是个普通人》
《很多人走着走着就散了》
《生活本来就是一个残酷的命题》

　　这类选题往往带来的情绪是对现状感到无可奈何、悲伤。情绪往下走或者堵在心里，被"闷了一下"的文章选题思路，要尽可能避免。

　　如果说情感类的文章是"走心"，那观点类的文章就是要"上头"（突出情绪），无论是哪一种，更多的时候，要触动读者，是让他们自己思考而不是作者替他们思考和发言。

叙事篇

第八章

场景化叙事的概念及要点: 讲一个"好故事",
不如"讲好"一个故事

从本章开始,我将把重点从文章的结构转移到文章的叙事上来。当文章万事俱备——这里的万事俱备指的是选题、大纲逻辑、素材这些环节——这些环节都准备好之后,剩下的就是如何"讲好"一个故事。

为什么是"讲好"一个故事,而不是讲一个"好故事"呢?

因为你很难去界定好故事的标准是什么,更多的时候,作者是利用身边的见闻去讲故事,所以,把一个看起来普通的故事"讲好",比所谓的讲一个"好故事"更重要。为什么有些作者能把一件平平无奇的事情讲得精彩迭起? 这个问题才是我们需要花大功夫去思考的。

在常年的写作和教学过程中,我逐渐总结出一套写作方法论,经过不断的实践,也取得了一些成绩,我将其命名为"场景化叙事"。本书的第二部分,也将全部围绕"场景化叙事"这一个核心点展开讲述。

在解释什么是"场景化叙事"之前,我们先进入到十几年前的场景中:

2008年1月16日，国际消费电子展（CES）刚刚结束，几天前，比尔·盖茨也告别了自己一手创立的微软帝国，宣告一个时代的结束。而乔布斯在这天的 Macworld 大会上，给消费者带来了一个新时代，他从一个纸质办公信封中取出了惊艳四座的产品：初代 MacBook Air。

在此之前，从来没有出现过这么轻薄和极具设计感的笔记本电脑。

介绍这样一款划时代产品的时候，乔布斯并没有用"极致轻薄，轻奢办公"这样空洞华丽的辞藻来描述这款产品，他是怎么说的呢？

它是那么的薄，甚至可以装在散落在办公室里到处都是的信封里。

对所谓的"极致轻薄"，可能大多数人没有太多感触，什么才是极致，"极致"是个非常模糊含糊的概念，相反，"装进办公信封里"这样简单而具象的一个场景，就把产品轻薄的概念完全表现出来了。

有这么一则小故事：

初春的一天，繁华的巴黎大街上，一位老年盲人乞讨者，他在自己的摊位前竖立了一个牌子，上面写着"自幼残疾失明，生活困难！"但收获很糟糕，几乎没人施舍他，枯黄的树叶落了乞丐一身。这时，一位诗人路过，见此情景心生感触，走过去，蹲了下来，乞丐以为是有人要施舍，于是赶紧点头感谢。诗人说："对不起，我也很穷，只是一个诗人，没有钱送你，不过，我可以给你写一句话，大家看到这句话，应该会施舍你的。"说完，诗人把牌子上原来的那句"自幼残疾失明，生活困难！"修改为"春天来了，可我却看不到她"。下午诗人再次路过时，果不其然，很多人给予盲人乞丐钱物。

"自幼残疾失明，生活困难"表达的是一个事实，但这个事实却是普通人很难感同身受的，甚至会有人觉得，"谁不困难啊，我还要还车贷房贷给孩子买奶粉，我比你还困难呢"，而"春天来了，可我却看不到她"这句话就不同了，正常人都可以看得见春天，感受得到春天的，春林初盛，春草初生，春风十里，假如这一切全部看不到，那该是一副如何的情形呢？这样一来，路人就能很轻易地理解这个盲人的痛苦和艰难处境了，进而对乞丐产生了怜悯之情，愿意帮助他。

广告营销大师克劳德·霍普金斯说："笼统的语言是没有什么分量的，一个观点一旦被具体化，说服力往往会成倍增加。要是你说钨丝灯比碳丝灯更亮，人们会对你的话有疑虑；然而，如果你说钨丝灯的亮度是碳丝灯的 3.3 倍，人们会认为这是你通过测试和对比得出的结论。"

诗人和乔布斯所采用的方法，都是将抽象的、晦涩的、有隔阂的概念，通过具象的、清晰的、有认知的概念讲述出来，就能在人们心中留下一个场景，一幅画面。

这些都是"场景化叙事"所要表达的东西。

所谓的场景化叙事，我们可以简单理解为：一种用具象的、聚焦的、清晰的、有广泛认知基础的场景代替抽象的、分散的、晦涩的、有天然隔阂的概念的叙事方法。

这是一种"能用一个场景讲清楚一件事，就绝不多用第二个场景，只攻一点，不及其余"的写作。

那么真正在写作当中，该如何具体把握场景化写作的要点呢？可以通过下列场景化叙事的五个要点，让故事变得容易读、吸引人、有意思。

一、强调结论优先；

二、打造情感入口；

三、制造矛盾冲突；

四、刻画典型脸谱；

五、注重细节描述。

一、强调结论优先

我之前收到过一篇投稿，文章的主题是讲婆媳之间的矛盾，作者刚开始是这样讲的：

　　我跟我老公是大学同学，大学纳新时认识的，他那时候是话剧社的社长，大学毕业之后我们选择在一起，并组建了自己的家庭……

　　然后作者就从她跟老公是怎么恋爱开始写，写到怎么不顾家人反对在一起，到结婚生孩子，再跟婆婆闹矛盾……

　　等写到婆媳之间第一次闹矛盾的时候，前面已经有四五百字与此毫无关系的描述了，这段内容一共八百字，其中毫无作用的描述就占到了一多半。

　　我给她的修改意见很直接："既然主题是婆媳之间的矛盾，那我想看完第一行就进入矛盾被激发的那个场景。"

　　我跟她解释了这么修改的原因，作者于是砍去了之前不必要的信息，新的开头写道：

　　尽管我和丈夫的感情很好，但我还是决定向无理取闹的婆婆开战。

　　这就是一个典型的场景，太有"群众基础"了，瞬间就能让阅读的人抓住这篇文章。文章开头的场景是大家熟悉的，更重要的是，这个场景所折射的情感，是读者所熟悉的，这是一个具象的、聚焦的、清晰的、有广泛认知基础的场景。

　　这种写法其实是借鉴了新闻写作当中的"倒金字塔结构"。

　　什么是"倒金字塔结构"呢？

　　倒金字塔结构是按照新闻价值的大小，即新闻事实的重要程度、新鲜程度，以及读者感兴趣的程度等，依次将新闻事实写出的一种结构形式。因为这种结构格局前边重、后边轻，上头大、下头小，所以被称为"倒金字塔"。

　　这种结构形式产生于19世纪60年代美国南北战争时期。美国内华达大学新闻学专家威廉·梅次在谈到这种结构形式产生的背景时解释说："以前，记者是按时间顺序写消息的，在报道事件时，把最新的发展写在消息的最后，但是内战时期的记者把绝大部分稿件通过电报发回报社，当时电报是新发明，时常会发生故障，还不大可靠，或被敌人割断电线，或被军队优先占用，任何一种状况都可能把记者正在拍发的消息打断，结果往往是写在结尾的最新新闻来不及在当天的报纸上刊登出来。为了避免种种不可预测的事情发生，记者开始把最重要的新闻放在最前面，使报社尽可能收到最新消息。"

　　但我们强调的是，借鉴"倒金字塔"的写作方法，而绝不是呆板的运用。将最重要的内容（结论）放在最开始的意思就是，这个位置很重要，重要的位置要有重要的信息来匹配，最好是一上来就能做到吸引读者。

　　诺贝尔经济学奖得主丹尼尔·卡尼曼有过精彩的论述："我们的大脑希望所有的事情都具有连贯性，并寻求认知上的放松，所以大脑很容易循规蹈矩。"

　　读者期待的，并不是正常情况下将会发生什么，太多的介绍和闲聊只会掩盖你的叙事，让读者感到你的文章稀松平常，甚至会对你的文章感到失望。

循规蹈矩就意味着普通寻常，也就意味着这样的故事根本无法打动读者，我们必须反其道而行之。

英国作家伊恩·班克斯在他的小说《乌鸦公路》的开篇写道：

那一天，我外婆发怒了。

外婆发怒了，为什么发怒？关键信息、结论都有了，读者的胃口也被吊得十足。这跟前面对婆媳关系那段文字的批改思路何其一致。

先把人吸引住了，勾起了读者的好奇心，让读者必须看下去才能知道发生了什么。相反，一开始就设置长篇累牍的描述，一定会把读者全部吓跑。

安东尼·塔斯加尔在他的《故事力思维》一书当中有几条非常中肯的建议：

提前给出你的结论；

给出意想不到的见解或者建议；

向你的读者发出邀请："来吧，让我带着你们去旅行！"

重点的信息，可以是结论、悬念和重要的命题，在第一时间让读者感受到并被吸引，是叙事非常重要的技巧，尤其是在快节奏的阅读时代，这种叙事方法不是为了让文章更有深度，更有趣，而是为了使文章能够更加快速地传递信息。

例如这样一篇文章《培养有出息的孩子，带他去这四个地方看看》，叙事上，优先结论的开头是：

如果……也许你可以带他去这四个地方看看……

假如你上来写：我的孩子不是很聪明，小学的时候老师经常批评他，回家以后也不爱说话……

说了一大堆，有什么用处呢？后面再好的观点，读者还没看到就跑了。

二、打造情感入口

先来看下面两个故事的开头。

结婚10年，我老公对我很好，对孩子很有耐心，对两家的老人都很孝顺，在我心里他是世界上最好的男人。

结婚10年，我发现了一个好男人身上应该具备的三种品质。

这两句话要表达的意思其实是一样的，都是要强调一个好男人对妻子、对孩子、对老人的态度，但给人的感觉却不同，大多数人会更愿意顺着第二种开头的方式，继续读接下来发生的故事。当然这里面有"结论优先"的功劳，但是还有更重要的一层逻辑：同样的两句话，第二种表达"与我有关"。

第一句话仅仅是表达了作者很爱自己的丈夫，自己的丈夫有很多优秀的品质，那么读者就会觉得，你丈夫那么好，跟我有什么关系？第二句就不同了，"一个好男人身上应该具备的三种品质"本身是一个范围选项，读者会不自觉对号入座，看看自己的老公，看看自己是不是也这样，"因为与我有关，所以我会想看"。

这就是我们所说的共情、共鸣，在这里我们将其定义为"情感入口"。

2020年，五四青年节之际，Bilibili网站发布了一个视频："献给新一代的演讲"——《后浪》，这个视频一经推出就引发了各个年龄层的大讨论。

那些口口声声"一代不如一代"的人，

应该看着你们，

像我一样，

我看着你们，满怀羡慕。

人类积攒了几千年的财富，

所有的知识、见识、智慧和艺术，

像是专门为你们准备的礼物，

科技繁荣，文化繁茂，城市繁华，

现代文明的成果被层层打开，

可以尽情地享用。

自由学习一门语言，学习一门手艺，

欣赏一部电影，去遥远的地方旅行，

很多人从小你们就在自由探索自己的兴趣，

很多人在童年就进入了不惑之年，

不惑于自己喜欢什么，不喜欢什么，

人与人之间的壁垒被打破，

你们只凭相同的爱好就能结交千万个值得干杯的朋友，

你们拥有了我们曾经梦寐以求的权利，

选择的权利！

你所热爱的就是你的生活，

你们有幸遇见这样的时代，

但时代更有幸遇见这样的你们……

　　按说这是"前浪"送给"后浪"的一份礼物，一份寄托，本身没有什么问题，也不需要做太多解读，但为什么很多年轻人对这段视频和文字表达出了"无感"呢？

　　"看 B 站里那些 up 主有着自己的生活，我们可以羡慕，甚至我们也可以过上那样的生活。但大多数人看完就回到现实忙活，该干吗干吗。"

　　"大多数青年只是普通人，要为升学和工作竭尽全力，无法顾及什么兴趣什么人类文化财富，是《后浪》镜头之外的人。"

这些"无感"甚至"反感"的人群，其实是镜头之外的普通青年群体：日常"996"、压力大并且选择机会很少的那部分人。

华丽的文案非常震撼人心，但是没有和这群人建立"情感入口"，或者更加直白地说，里面大多数的生活和他们没关系，所以走不进他们的心里。

这是《后浪》受到争议的原因所在。

学员珊瑚写过一篇《世道的变坏，从苛责普通人开始》的文章，她初稿的开头部分"有些人仅仅是活着就已经用尽全力了"是这么写的：

曾几何开始，网络出现了一个词，叫中年危机。这是属于我们 90 后、80 后，甚至 70 后，大多数人心里扎心的痛。

时间在流逝，我们很平凡，焦虑和不安经常野草一样蔓延。

这几句中出现了非常多的"大词"：中年危机、70 后、80 后、90 后，时间流逝……看起来是把一些情感注入进来了，也确实在围绕着第一部分的小标题"有些人仅仅是活着就已经用尽全力了"在写。可作为一个读者，我找不到一个位置能让我把情感介入进来，我跟文字之间始终隔着太多的大道理、道义还有说教，我建议她做一个切口，让读者的情感能有个着落。

她进行了第二次修改，修改后的开头是这么写的：

前两天，一则视频迅速蹿红社交网络。

4月17日晚上，25岁的男子张先生趴在南京地铁站内，身边都是呕吐物，民警赶到后，一边照顾他，一边用他的手机联系上了家人。

民警从张先生口中得知，他是为了签下一单业务而豁出去陪客户喝酒，但能不能签成还要等消息，他心里非常委屈才这样。

十几分钟后，张先生的妻子赶了过来，看到丈夫狼狈的样子，她没有一声责怪，也不顾他身上的污物，心疼地抱住了他。此时的张先生，哭得像个孩子，一直跟妻子道歉说："对不起，我真没用。"

在这条视频的下面，有条将近三万的点赞留言说："醉成这样，还对警察说打扰了，想来也是个善良的人"。

更让人感动的是，有一条留言写道：

"也许他的业务能力不强，不是所谓的精英，但是我们怎么忍心再去责备这样一个为了家庭、为了老婆孩子，辛苦付出的男人呢？他是千千万万个普通人当中最不起眼的那个，但值得我们肃然起敬。不要嫌弃他没本事，因为你不了解有些人仅仅是活着就已经用尽全力了。"

说得真好。

修改后的开头通过一个具象的、聚焦的、清晰的、有广泛认知基础的场景，一个绝大多数人都能理解的场景，让我跟文章建立起了一种情感关联，尤其是作者加上的那位网友的留言，不需要作者再提炼任何金句去诠释，作者想要表达的观点"有些人仅仅是活着就已经用尽全力了"就全部展现出来了。

很多情况下，作者的注意力只局限在自己的身上，跟读者没有什么关系，如果能够建立一个具象的、聚焦的、清晰的、有广泛认知基础的场景，作者和读者就处在了一个有共同语言的共情环境里面，这非常关键。

打造情感入口，建立情感关联，有一些事项需要注意：

首先，作者需要和读者处在一个有共同语言的共情环境里。
例如：

《医院门口，最见人性》
《医院门口，我因为母亲的癌症而哭泣》

这样两个话题，大多数人对第一个话题会更加关注，因为它的场景更加具象、聚焦、清晰、有广泛认知基础，而后面这个话题，则完全是作者个人封闭的语境，母亲患了癌症挺遗憾的，但这件事跟读者并没有关联，直白点儿说，这件事跟别人毫无关系。

其次，情感入口的位置要安排得当，情感入口通常出现在故事的开头或者靠前部分，起到调动情绪和情感的关键作用。
《桃花源记》中武陵人在找到桃花源入口的时候有这样一

句描述："复行数十步，豁然开朗。"

大家想想，要是这洞长几十公里，他走一公里就绝望了，也就根本不可能发现桃花源。写文章也是如此，你要表达的观点，不能拖拖拉拉讲了几百字还不出现，要让读者很快便产生一种"豁然开朗"的感觉。我们在前面多处地方都践行了这一方法，将核心的语句、对话、线索放在开头的部分，从而起到吸引读者的目的。

最后，情感入口要突出人格化的特征，通常以对话或者人物对话语言的形式出现，去理论去说教，突出情感突出情绪，产生共鸣。

这里举诺依在《最好的爱情，一定是这三种样子》这篇文章当中的一个片段为例：

前段时间，汪小菲一则言论引发讨论。

大S一个月瘦了十公斤要复出，汪小菲发微博说："我真服我老婆。"

有热心网友评论："你要靠老婆养家了。"

原本支持老婆事业的汪小菲，被人冷嘲热讽说是吃软饭，而汪小菲却回复道："老婆的事业也是大事业。"

赚钱养家不是男人的专利，看孩子洗衣服也不是女人的专利。

好的爱情，一定是你有你的事业，我愿意为了你做出更大的让步甚至牺牲；一定是，你更加优秀，你在前面纵横驰骋，而我甘心为你稳住后方，让你没有任何后顾之忧。好的爱情，一定是彼此之间的互相成全。

上面的叙述，用人物的对白支撑故事的走向和发展，最后引出了观点"好的爱情，一定是彼此之间的互相成全"。这种就比念新闻或者是流水账的描述要有意思得多，也更容易为读者接受。

三、制造矛盾冲突

先举例子，学员珊瑚的一篇代表作《看清楚一个人，这三点就够了》。

这篇文章的第一部分主题为"别看Ta说什么,看Ta做什么",作者讲了这么一则故事：

我的工作地点是在一家健身房里，在这里，每天会接触到形形色色的人，其中有这样一个大男孩儿，阿江。

阿江每天早上六点钟准时出现在健身房，吃一点儿全麦馒头喝一杯酸奶，然后开始训练。

跟大多数会员都不大一样，他从来不去搭讪异性，面对异性的主动搭讪，他也只是礼貌性地回以婉拒的微笑。阿江带来的包里，装着一条备用毛巾，每次健身完，他会用毛巾将用过的健身器材仔细擦拭干净，然后再一一归回原位。

一次教练跟阿江推荐 VIP 会员卡，阿江婉拒了，理由是：健身就是为了平时出出汗，普通的会员卡就够了。教练私底下讽刺阿江："什么用不着，还不是没钱，你们知不知道，上次我在楼下，看见阿江健身完在等公交车，装什么装！"

有天，阿江走的时候，给每个人都送了小礼物，说要到别处办公，离这边较远，今后可能不来了，对大家平时的关照深表感谢。

看一个人，永远不要只听他说了什么，而是要看他做了什么。

这段描述，符合场景化的描述，场景聚焦，有代入感，但是太平淡了，最后的道理和观点，好像只是为了这个故事而说的，这个故事也仿佛是为这个道理而总结的。没有冲突，也没有制造任何的矛盾点来让文章形成一种"拉扯的韧劲儿"和"张力"。

我建议她最好加入一些矛盾点，造成一种故事和人物形象的反差，例如：阿江为什么要走？健身教练在得知阿江的新身份后会不会产生不同的反应？这样故事就会更加富有戏剧性，给读者传达的观点也就会更加强烈。作者根据这些思路进行了修改，变成了这样：

我的工作地点是在一家健身房里，在这里，每天会接触到形形色色的人，其中有这样一个大男孩儿，阿江。

阿江每天早上六点钟准时出现在健身房，吃一点儿全麦馒头喝一杯酸奶，然后开始训练。

跟大多数会员都不大一样，他从来不去搭讪异性，面对异性的主动搭讪，他也只是礼貌性地回以婉拒的微笑。阿江带来的包里，装着一条备用毛巾，每次健身完，他会用毛巾将用过的健身器材仔细擦拭干净，然后再一一归回原位。

一次教练跟阿江推荐 VIP 会员卡，阿江婉拒了，理由是：健身就是为了平时出出汗，普通的会员卡就够了。而教练私底下讽刺阿江："什么用不着，还不是没钱。你们知不知道，上次我在楼下，看见阿江健身完在等公交车，装什么装！"

有天，阿江走的时候，给每个人都送了小礼物，说要到别处办公，离这边较远，今后可能不来了，对大家平时的关照深表感谢。

原来，他跟合伙人的项目拿到了风投，马上要搬到市中心的 CBD 去办公了。

我还见过第一天就办 VIP 金卡的"土豪大叔"，把女顾问迷得五迷三道后，将自己皮包公司几千万烂账转移到对方身上，然后人间蒸发的事情。

有人说我有强迫症和洁癖，可你一转身却发现他擦汗的毛巾就从雪白变成了灰黑；有人说我最讨厌占小便宜的人，可你一转身就发现他又把健身房提供的饼干偷偷往包里塞；有人说马甲线等着我，然后来了几次健身房后，就再也难觅芳踪……

　　看一个人，永远不要只听他说了什么，而是要看他做了什么。说的东西往往经不起推敲，多数会随风而去，甚至不了了之；而那些做的事情，却会像种子一样，落地生根，长成错落参天的大树。

　　作者道出阿江离开的原因是公司拿到了风投要搬到 CBD 办公了，同时狠狠"打脸"了健身教练，这样的故事就非常具有可读性了，更加戏剧化和出人意料。作者在文章中加入了矛盾和冲突，使文章更吸引人。

　　就像安东尼·塔斯加尔说的那样："可以把矛盾冲突看作是你讲故事的一个主要组成部分。"

四、刻画典型脸谱

　　你生活中有没有这样的人：

　　"杠精"——你说什么，他都喜欢反驳你，喜欢唱反调；

　　"大嘴"——平时热情周到，说得天花乱坠，一遇到事情就消失得无影无踪；

　　"愤青"——什么都看不惯，什么都不忿；

　　"妈宝"——买包盐都要征求一下妈妈的意见；

......

这些出现在我们生活中的具有典型性格的人，就可以作为我们写作时的典型人物。

通过将人物形象典型化、脸谱化，能最大限度地减少文章叙述的笔墨，用最快的速度将读者带到故事当中去。

我们来看下面这段"场景化"的描述：

表弟结婚后，住在了我们隔壁小区。

因为离得近，平时就经常走动，两家的关系很好。

一天，我们正在吃晚餐，弟妹敲门进来，满脸带泪地说："我要跟他离婚！"我们还没来得及问是怎么回事，表弟急匆匆从后面追了过来。

原来，早上弟妹想去逛街，表弟却躺在沙发上玩游戏不想去，两个人因为这个一直恼气到中午，谁也不肯做饭，到半下午的时候，弟妹准备出门，却在拿包的时候，从包里发现了表弟的一只袜子。她彻底恼火了，对表弟吼道："你的臭袜子能不能别乱扔啊！"

"不就是一只袜子嘛，至于吗？"

"那我现在是不是也是你的一只袜子，你爱答不理，想扔就扔？"

两人就这么吵了起来，更嚷着要离婚。

表弟虽然平时大大咧咧了一些，但绝不是一个没有责任心没担当的人。

去年俩人还没有结婚的时候，弟妹的外公重病，二老膝下无子，弟妹的父亲也有严重的关节炎，表弟就主动揽下了照顾老人的重担。他一咬牙请了一个月长假，这一个月里，忙前忙后，擦屎接尿，没有一句怨言。就连主治医生都竖大拇指说："这还不是一家人呢，亲孙子也未必能做到。"

一个月后，老人康复出院，表弟却瘦了足足十斤，不仅弟妹感动得一塌糊涂，对方一家人也对这个年轻人赞不绝口。

如今俩人却因为这么一点儿小事就要离婚，外人看来的确有点儿不可思议。

老公对表弟说："你这个人关键时候能顶上去，这是好事，但平时邋邋遢遢的毛病也要改一改，毕竟家常过日子的，能有多少大风大浪让你冲在前面逞英雄？过日子就是锅碗瓢盆，一地鸡毛的杂事，要是因为一点儿小事就闹开了，简直对不起你们当初经历的那些甘苦。"

两人羞愧不已，都说今后一定注意这些小事。

这里作者的丈夫就是一个脸谱化的角色，他代表了理性、稳重和充满智慧的那类人，起到了稳定情绪的"定海神针"作用，有这样一个角色出现，比作者讲一万句大道理都要管用。

刻画典型的脸谱，有几点需要注意：

第一，这个形象一定是带着观点一起出场的，他的出现是为了解决问题，推动故事；

第二，利用人物本身的刻板形象，如父亲是威严及时解决问题的形象，老师是提供人生箴言的形象，朋友是雪中送炭的形象……这样天然会让人有代入感；

第三，用简短的对话形式去刻画人物形象是最有效的方法，人物的性格往往体现在语言当中，而又少去了不必要的故事叙述。

五、注重细节描述

细节的打造要注意以下几点：

第一，并非所有小场景的描述都是细节

例如，学员珊瑚发在"蜂虻"微信公众号上的一篇文章《活得通透的人，都认怂》。初稿当中有这样一个故事，是这样描述的：

有一次跟男友吵架，男友哄完我后，说要下楼抽烟。然后我在楼上看到他对着空气用力地打。我乐了，把这一幕拍下来，问他：你怎么这么傻？

其实我真的很感恩，也很珍惜这个其貌不扬、工资不高，但是可爱得宁可打空气也不愿意埋怨我半句的"屌男友"。

他很屌，看到他一个眼神我就能笑个半天。

这段话里面，是有"男友打空气"这个细节，但是没有表现出来，更没有表现得很形象，一带就过去了。于是我就给她修改了一下：

"你怎么那么屌啊！"

我已经记不起多少次跟男朋友说这样的话了。

有一次，我俩吵架。他哄了我半天，然后说要躲到外面去抽根烟。我的气也消了，想着跟他和好，就下楼找他。但接下来发生的一幕差点儿没把我笑死。

只见他叼着烟头，对着空气挥拳头，嘴里还念念有词地说："你牛什么牛，不就仗着我喜欢你，你才这么横！真以为我不敢打你啊？我生起气来，连空气也敢揍！"

我偷偷用手机把这一幕录了下来。

"哎，你怎么这么屌啊，跟空气较什么劲。"回去的时候我笑他。

"谁较劲了，我是在练咏春好嘛……"

是啊，眼前这个男人，样貌普通，工资也不高，有时候还会有些小心眼儿，可我一看到他就总觉得自己被一种叫"幸福"的东西所围绕着。

不舍得跟女友计较，心中又不忿，于是就有了男生边打空气边"抱怨"，事后被发现还要强词狡辩说自己是在练咏春的这样一个小细节，男友那种暖心的形象和对爱情的态度，就非常明显地表露了出来，人物形象一下子就饱满立体了。

第二，细节需要设计，让读者读完有种豁然开朗的感觉，要提前做一些逻辑上的设计，产生说服力

接着看《活得通透的人，都认"怂"》这篇文章的第二个小故事：

表姐有一次处理追尾，让我至今记忆犹新。

那天其实是旁边的一辆车忽然变道，表姐一让再让，最后还是追尾了，这铁定是对方全责了，表姐当时气汹汹地跟我说："妹，把我的高跟鞋拿来！"

我想这是要下车跟前面的司机干仗啊，再一想，完了，今天出游的计划估计也没戏了。

表姐踩上高跟鞋，脸色一下就变了，笑盈盈下了车向对方问明情况，全程用尽女生的擅长，卖萌加撒娇，连着道歉鞠躬。对方一个原本油腻的中年大叔，也不好意思反咬一口，而是说了一句："年轻人嘛，以后开车小心点。其实我也有错，是我别你在先，主要是我公司有事太急了，没事没事，我自己找保险公司解决一下就行了。"

回到车上，我问表姐："为什么点头哈腰给他道歉，明明

是他变道在先。"

"是他全责，但跟他吵半天有什么用？警察再一来，没个一天半天的，耽误时间了，还不如主动认个𡳞，给他人方便，也是给自己方便。再说了，低个头又不会闪着腰。我不是认错，因为我没错，但我传达的是一种善意。"

当读者看到"把我的高跟鞋拿来"这句话的时候，都会想：完了，这女司机要发飙了。结果呢？人家笑脸相迎，三两句摆平了事情。简单的两句话不仅让作者明白了她这么做的原因，也让读者豁然开朗："哦，原来是这样啊！漂亮！"这就是利用了逻辑上的一个反转，通过这个小反转，让读者明白，作者刻画的表姐这个人物形象是大度而且充满智慧的，令人佩服。

第三，写细节不是只为了突出细节，而是要产生启迪，感染读者。如果细节无法产生后续的启迪，则细节无意义

我们接着看《活得通透的人，都认"𡳞"》这篇文章的第三个小故事：

前段时间，因为加班我经常要打车。

那天刚上一辆网约车，就听见前面的司机在不停地对着电话另一端的人道歉。

原来上个客人嫌他接单太慢，投诉了他。听他解释才知道，之所以接单延迟，是因为系统出现了漏洞："我已经开了一夜

的车了，被投诉的话就无法接更多单子了，更没有权利晚上开车了，投诉了的话，会被平台扣掉很多钱，这些钱我赚得很不容易。"对方终于同意。挂了电话，司机跟我道歉说："姑娘对不起啊，出了这么个事儿。影响你休息了。"

"没关系，理解的。你不要往心里去。"

司机没说话，我看见他偷偷抹了一把眼泪。

到了他这个年纪，没有技术，没有跟年轻人竞争的资本，被职场嫌弃，甚至工厂都不待见。他们拉不下脸做清洁工和保安，只能选择门槛同样很低的网约车司机这份职业。上有老下有小，肉眼看得到的委屈跟憋屈，但是没办法，他的肩上背着养家糊口的责任，只能默默承受着，哪有什么岁月静好，不过是有人替你负重前行。

很多人都看过一则公益广告：

一位收废品的老人骑着三轮车，不小心剐蹭了一辆豪车。车主恶狠狠地骂道：你眼瞎啊！老人吓蒙了说：老板，对不起，多少钱我赔……车主说：你一个破拉车的，你拿什么赔啊？老人手足无措地看着车主，看热闹围观的路人也越来越多。车主转过身，从后备厢里拿出一根铁棍，气势汹汹向瘦弱的老人走去。没想到，他举起铁棍在三轮车上敲了一下，喊了一句：扯平了！

司机抹了泪，是表达了"生活虽然不易，但他们依然努力奋斗着"；豪车司机拿铁棍砸了一下三轮车，那是出于一种人和人之间相互理解的道义，说明"生活中还存在很多温暖我们的人和事，不要灰心和绝望"，所有的细节，都是为了引出一些观点或者价值观。从这个意义上说，小细节是触发文章价值观和观点的按钮，摁下了这只按钮，作者和读者就都会看见一个完全不同的文字世界。

"场景化叙事"中和了碎片化写作和深度写作两种写作方式，既保留了碎片化阅读的快捷、简约、聚焦，同时又留住了深度写作的人文精神和底蕴，是一种双向提炼的写作方法：从碎片化的写作中提炼出核心场景，从深度写作当中提炼出叙事技巧，是非常适合新媒体写作的一种写作方法。

从上百篇"10W+"的文章和学员的反馈来看，这种方法是有效的。

第九章

"小场景法"写作：有细节有画面的故事才有"亲和力"

上一章讲了"场景化叙事"的概念，以及场景化叙事的五个要点。本章将继续深究"场景化叙事"，重点来讲两方面内容：

一、场景化叙事典型手法的应用；
二、小场景法的写作。

一、场景化叙事典型手法的应用

上一章我们说到场景化叙事的五个要点：强调结论优先、打造情感入口、制造矛盾冲突、刻画典型脸谱、注重细节描述。这些要点的目的其实只有一个，那就是：**在最短的时间内进入故事的核心叙述。**

美国作家保拉·拉罗克曾讲过这样一个故事：

有一次，他在大学教授学生创意写作，收到学生们的文章之后，他感到非常苦恼，现在的学生写文章居然是这样的水准，有个学生是这么写的：

他大吃一惊，飞快地看了她一眼。然后飞快地跑到门口，扭开把手，打开门，从房间里跑了出去。

看到这样的描述，他说："这段文章完全就是在兜圈子，并没有进入正题。很少有学生会直接写：'他吃惊地看了她一眼，然后离开了房间。'如果离开房间这件事情很重要，而且读者对这件事情很关心，那么他们能够想象得出文中人物扭动把手，打开门，离开房间的样子。"

他直言不讳："**对于大部分学生来说，最大的问题是如何进入正题，其次是如何迅速进入正题。**"

通过写场景，我们可以快速进入正题。在选题的章节，我归纳了十个核心场景，**选题当中的场景可以分为十个大类：婚姻两性、亲子教育、情商修养、热点舆情、干货集锦、反向认知、人文历史、励志精进、三观态度、社交礼仪。**通过写场景，可以确保作者能够在最短的时间里进入正题，但这些还远远不够。

进入正题后，怎么样让读者在最短的时间里代入到这个正题，这才是重点。

场景化叙事典型手法有两种，即：典型脸谱塑造，话题点聚焦。下面我们来解析这两种场景化的叙事手法的具体应用。

典型脸谱塑造

前面讲到过，脸谱化的描述是基于一种在最短时间将读者代入场景、典型人物性格中去的经典叙事手法。

例如：

《白鹿原》里，白嘉轩的腰杆始终是挺得直直的；

《大秦帝国》里，秦孝公为了考察商鞅，故意扮作宾客坐在一旁。

这些人物的行为设定有什么意义呢？写白嘉轩的腰杆直是要塑造一个刚正而又古板的乡绅形象，秦孝公的从旁观察体现了一个改革家的与众不同、不按常理出牌的行为。

新媒体的写作更是将这种叙事手法运用到了极致，"典型脸谱塑造"大致有三类细分的场景：

1. 典型的人物脸谱

这类故事的开场往往刻画一个典型的人物脸谱。

比如，你在朋友圈开开心心发照片，有一些人就留言说："P得太过了吧""你孩子长得比你还黑""你那菜一看就没做熟"……往往一句话就能很好地描述一个"杠精"的形象。

也就是说，你压根儿不用描述太多的前因后果，"今天是母亲节，我爸爸妈妈正好在家，然后我们去超市买菜，碰见隔壁王阿姨也在超市，买完菜回家就开始做饭，做了鱼香肉丝、红烧土豆、葱爆大虾……我拍了一张照片发到朋友圈，好多朋友点赞送来了祝福,突然有个不太熟悉的远房亲戚回了一句:'这菜做得太没食欲了,色香味,首先色就不合格。'"这样的描述,看起来会很累,很啰唆。

2.典型的社交空间脸谱

有哪些典型的社交空间脸谱?

使用最广的社交空间脸谱自然是那些能聚集最多人群和"使用感"的社交空间,举几个常见标题的例子,《婚姻好不好,看看厨房就知道》《去了一趟菜市场,我不想死了》《ICU里,人性根本经不起任何考验》……可以看出,对读者平时使用最广泛和频繁的场景进行挖掘,是讲故事当中有效的刻画脸谱的方法之二。

那具体如何使用这样的方法呢?

可以遵循三个原则,即:接触原则、争议原则、忽略原则。

（1）接触原则

你是一个90后的上班族,接触最多的是什么场景呢?出租屋、公交、地铁、公司、同事聚会、年会、会议室、工作群……每一个场景,都是熟悉的,都是有"使用感"的,那作者就要利用接触原则,去将接触到的一些打动你的细节给挖掘出来,写成的文章就会很有分量,不会轻飘飘的没有生活气息。比如下面的例子。

前两天，我同事抱怨公司的网络不好，电脑很慢，报上去拖了一周也没人管，其他人也知道这个问题，但大家都是保留建议，怕给自己惹麻烦。这个同事就写了一篇文章《公司好不好，看看 Wi-Fi 就知道》，这篇文章其实是用网络慢来反映一系列问题，如：相关人员不作为、沟通不顺畅、员工察言观色、领导麻木等。

我们再来看一个失败的初稿案例：

那天下班，阳光正好，微风不噪。

春城的盛夏，凉爽宜人，蓝天白云分外动人。

我揉揉肿胀的双眼，面无表情地开车回家。脑子里回放的是几经修改仍然达不到领导要求的稿子，挫败感排山倒海地袭来。电话突然间响起，我妈说小孩突然哭闹起……

作者是要描写一个在职场上辛苦打拼的女强人形象，上有老下有小，丈夫在国外，一家大小都要靠她，但前两段却用了完全没有必要的景色描写。"阳光正好，微风不噪"，完全没有用的，而且略带矫情。如何修改呢？

捏了捏已经僵了的肩膀，一看表，已是晚上9点。面无表情地盯着电脑屏幕盯了几分钟，然后，关灯走人。开车回家的路上，满脑子都是领导对我上午交的汇报材料的不满，挫败感排山倒海地袭来。

直接给我们最熟悉的能接触到的有"使用感"的场景——捏了捏已经僵了的肩膀、看看表晚上9点、面无表情地盯着电脑……就将一个中年职场女性的不容易全部勾勒了出来，你不用写她是什么职位，也不用写她在改什么方案，就能感觉到她的不容易，就有共鸣。

（2）争议原则

举个例子，电影《芳华》上映的时候，有一篇叫《〈芳华〉：一个社会的堕落，是从"表扬善良"开始的》的文章明显与众不同。当舆论都在歌颂刘峰的善良时，忽然冒出来这么一个题目，大家猛一看到会很不适应，但当作者把文章的核心观点"善良原本就是一种人人应该具备的东西，却被当成稀缺品大加赞赏"抛出来之后，读者的世界观被重新修复了。哦，原来真的是这样！

这个就是要利用争议，去反其道而行之，反弹琵琶。比如让座是情分，不让是本分；会赚钱本身就是一种能力；学历比你想的还重要……利用争议，为自己的故事增添不一样的视角。

（3）忽略原则

所谓忽略原则指的是，作者很少想到的一些场景脸谱。我说几个题目，大家来体会一下：《你的微信头像，暴露了你是一个什么样的人》《结账，见人品》等，这些场景通常会被大家所忽略，比如：一个人吹牛的样子、酒后的反应、到公司打卡的时间、拿到工资的第一件事……这些都是细节，而这些细节里有着非常大的场景亟待挖掘。

前段时间，我们办公室的一块地毯脱胶了，找维修师傅过来维修，这个师傅上完胶就走了，结果好多同事不知道，就踩了好几次，这样一来，又得再上一次胶固定。这回来了另外一个维修师傅，他上完胶之后做了一件事，就是在这块地毯四周，放了四张抽纸，说："这样你们看到地上的白色抽纸，就知道这块地毯是在维修中，就不会误踩了。"

这就是一个日常生活中非常容易被忽略的场景，通过前后两个维修师傅的专业程度和做事的细节的对比，很容易就能得出一个结论：用心和不用心的人，真的不一样。

那就围绕着这个放抽纸的小细节去讲这个故事。

3. 典型的矛盾事件脸谱

场景的脸谱化塑造的第三点是：典型的矛盾事件脸谱。

例如我在此前的文章《36 岁下岗收费大姐哭诉和 83 岁奶奶应聘阿里：不懂得学习的人，正在被时代淘汰》开头写道：

前段时间有两条刷屏的新闻。

一条新闻是，河北唐山市地方政府把地方上的路桥收费站都取消了，之前收费站的工作人员也面临着下岗，于是他们去找有关领导讨说法。

在这群下岗人员中，一位 36 岁的大姐说："我今年 36 了，我的青春都交给收费了，现在啥也不会，也没人喜欢我，我也学不了什么东西了。"

"除了收费啥也不会"，一句话在网上引起强烈讨论。

另一条新闻是，阿里巴巴年薪40万招聘资深产品体验师，要求年纪在60岁以上。

招聘结束后，首批应聘到岗位的十位大爷大妈参加了线下沟通会。其中83岁的清华学霸奶奶是十几个群的广场舞KOL（意见领袖），经常组织一些线下活动；62岁的曾大爷更是直接拿出自己做的PPT，他还有一手熟练操作Photoshop的绝活儿。

年轻网友纷纷表示："直接碾压20多岁还在用美图秀秀的我。"

一边是年过花甲古稀的大爷大妈大秀才艺，一边是36岁的女收费员哭喊自己早过了学新东西的年纪，除了收费什么也不会。

两则新闻放在一起比较，我们不难得出一个结论：

不懂得学习的人，正在被这个时代淘汰。

这是一个典型的矛盾事件脸谱。通过制造正反两方的矛盾冲突，继而笔锋一转，正反两方的问题我谁也不回答，不评价，找到第三、第四落点之后，得出文章的核心结论。

典型的矛盾事件，可能是两则完全对立的新闻，也可能是事件双方针锋相对的观点，关键在于利用好矛盾点，绕开矛盾本身，以第三视角和第三、第四、第五落点，直接点评矛盾双方的行为，而不是去谈事件本身。

话题点聚焦

话题点聚焦，是一种快速进入讲故事核心阶段的写作技巧。

简单来说，就是简化故事本身的前因后果而直接进入话题点，吸引读者注意，然后逐步展开的写作手法。

先来看一个简单的例子。

这是我此前修改的学员的一篇文章，文章题目是《想看一个人靠不靠谱，就带 Ta 去旅游》，文章立意比较明确，他在文中说到了一个例子：一对情侣旅行期间在当地一家餐馆因为一件小事吵了起来。

作者原先这段描述写得很长，先是交代了为什么去旅游，后来又交代了商量去哪里吃饭，最后才交代因为点餐的时候，男友觉得便宜实惠，非要使用手机上团购形式的优惠套餐，而女孩儿却不想吃上面的东西，最后被反说拜金和不会过日子。

这样一个充满了对抗的故事，本身挺有意思，适合作为新媒体文章的一个素材，却因为作者波澜不惊的描述和拖沓的叙事手法，让故事变得平淡无奇，让人看不下去。

经过沟通，他将开头改成这样一段话：

旅行第二天的饭桌上，朋友大花当场决定买机票返程，她的理由很简单：什么都斤斤计较的男人，要谨慎交往。

就这样一句话，既交代了矛盾产生的原因，也摆明了作者本身的观点，干净利落，绝不拖泥带水，从而快速吸引了读者的目光，激发了他们的阅读兴趣。

这个例子体现了话题点聚焦式的写作要求。

——直入正题、简化场景。

1. 直入正题

新媒体写作，尤其是在场景化叙事上，支撑故事发展，有一个简单的模型：

抛出观点（价值提出）—— 陈述案例（价值铺垫）—— 金句总结（价值强化）

围绕观点，弱化故事来龙，将复杂的故事背景都尽可能地简单化、典型化、冲突化，从而在最短的时间里，传达价值，调动情绪，达到一个情绪或者说情感传输的目的。

学员江离菲菲在文章《好的婚姻里，女人都不安分》（《读者》微信公众号转载），开头直接写：

"女人不要为取悦别人而活，希望你们为自己而活，每个人的一生只有一次前半生的机会，勇敢地、努力地去爱、去奋斗、去犯错，但是请记住，一定要成长！" 这是前段时间白玉兰颁奖礼上最佳女主角马伊琍的获奖感言。

这就是一个典型的价值点抛出。

上来直接给一个观点，迅速吸引住读者的目光，然后再慢慢讲故事，这样也能在极为有限的篇幅当中做到从容。

2. 简化场景

我跟朋友在一起聊闲天的时候，经常聊到老的影视剧，很多人都会不明原因地觉得老电视剧老动画片特别有意思，刨除情怀等原因，最重要的一点就是，简化聚焦的视觉处理。就拿八六版的《西游记》这部经典电视剧来说，大家回忆一下，它的镜头语言是非常简洁的，每一帧画面里出现的人物、场景都十分有限，往往就是孙悟空和师徒四人、妖怪、某个小山头、瀑布的特写。这样做有什么好处呢？就是能让观众聚焦于人物，而不被过多的场景和镜头语言干扰。

后来的翻拍，使用了大量的虚拟背景，云山雾绕，十万天兵，技术场面都上来了，但是大家提不起兴趣了，还是觉得老版的最经典。

再举一个例子，印度电影《摔跤吧，爸爸》里面就用了扁平化的叙事手法，大家可以回想一下，从头到尾其实都是靠一个又一个扁平的场景穿起来的一部电影：姐妹俩吃炸鸡、桥上跳河、楼顶上用被子做摔跤垫……通过一个又一个小场景，让电影每一部分都有一个很有意思的点，这个桥段很有意思，那个桥段也很有意思，串联在一起，就成了一部经典之作。

写作也应如此，去做减法，这就要求我们必须砍掉、删减掉那些大量的毫无作用的场景描写、人物对话、大量的形容词、无用的介绍性的描述等内容，聚焦小场景，描述相对集中的故事，改掉描述要面面俱到的习惯。下面是一篇文章修改前后的对比：

修改前：

朋友昨天深夜 12 点打来电话，说自己一个人正走在下班回家的路上，心里瘆得慌，知道这个点一般我还在敲字，于是冒昧拨通我的电话。

我问她为什么这么晚才下班，真的有那么多工作要做？因为我知道她做的是行政类工作，工作强度并没有那么大。

电话另一端的她很无奈地苦笑一声。

自己并不是为工作加班到这个点，而是因为陪领导家的孩子写作业才这么晚。

朋友说，原来，自从他们领导知道她英语过了专八，就想方设法让她去辅导自己家的孩子。这种事自己也不好拒绝，刚开始以为也就那么一两次，勉强自己一下，也就过了。

修改后：

朋友昨天深夜 12 点打来电话，说自己一个人正走在下班回家的路上，心里瘆得慌，知道这个点一般我还在敲字，于是冒昧拨通我的电话。

"这么晚才下班！升职加薪了？"

"没有，根本就不是加班，而是陪领导家的孩子写作业。"

原来，他们领导一次无意中问起来，在得知她是英语专八的时候，就提出了想让她帮自己的孩子辅导英语的想法。

修改之后叙事的场景明显少了，聚焦了。之前又是说行政类工作，又说自己工作强度，又说领导一而再再而三如何如何，出现了至少五处场景描述，文字虽然很短，但是读起来却一直找不到重点，读者就会很着急。修改后的文章通过一问一答后给出原因，直接告诉读者朋友困惑的原因，就明白多了。

将场景尽可能地去做聚焦、聚焦再聚焦的处理，故事的开头往往是发生在一个特定的场景：机场、厨房、医院、办公室……而这些场景势必是你所要陈述的观点的一个情绪突破口。

正如建筑大师密斯·凡德罗说的那样："Less is more.（少即是多）"

二、小场景法写作

如果让你写一篇以"活着的意义"为主题的这种宏大命题的文章，你会如何下笔呢？

在写类似生活、梦想、人生、心情、追求等这些比较虚的话题的时候，尤其要注意的是避开思维盲区。例如我们要写一个"人生实苦"的选题，有了这个意识之后，很多人就陷入了思维盲区，生活很苦，世人很苦，很苦，很苦，很苦……除了这个苦字，我该从哪儿下手呢……

大家想想，是不是有这样的状态，脑子像一团糨糊，涌进来的不是很清晰的思路和逻辑，而是混乱不清、模模糊糊的东西，你自己也说不清楚这些东西是什么！

怎么能写好这样的文章呢？因为你压根儿就没有一个很清晰的思路，落脚点是什么，主线是什么，都没有。司汤达在给巴尔扎克的信中说过这样一段话："我只知道一个原则：要明白自己在写的是什么，如果我不知道自己在写什么，那么我的世界将会一片混乱，我也终将一事无成。"

虚渺的、具体的、好写的、难写的，做好一切的选题的第一步就是落地。

我们再回到"活着的意义"这个选题上，这个选题很虚，怎么给落地，找个很好的切入点呢？

记住一个词，小场景。

这三个字包含了两个概念，一个是切入点要足够小，小才能聚焦。你写联合国教科文组织关于活着的意义的调查报告，这不是胡闹嘛！上来做报告、唱高调、摆谱、端架子是不行的。

为什么很多作者开头都会写，上个周末、前段时间、傍晚吃饭的时候看见……就是尽量让切入点足够小，足够具体，足够有代入感，足够聚焦。

举个例子：

我们这个民族承受了太多苦难……

在参观 ×× 博物馆的时候，偶尔看见一件不起眼的展品，这让我对这个民族的苦难史，有了全新的了解……

对比一下，哪个更容易让人接受？过于宏大的表述拉远了作者和读者的距离，让人敬而远之，相比之下，通过一个具体的形象，以小见大引出来一个观点，就更有亲和力。

小场景的第二个概念就是场景了。我跟你说澳大利亚的大堡礁，你没去过，也没印象，但我跟你说泰山日出，你没去过，但你读过徐志摩的文章，你看过宣传片，你立刻就有画面。而且这个画面越具体越有"使用感"，所传达的信息就越准确，也就越生动形象。

先来看一个案例：

原文：

我妈妈的好姐妹——王阿姨，是一个出了名的"潮妈"，无论是最新上线的综艺节目，还是当下的新闻趣事，她都能和我们年轻人侃侃而谈，一点儿也不落伍。

起初，我只以为那是她的个人爱好，几次交谈过后，我才得知，王阿姨一直保持着一颗学习的心。

退休之后，不愁吃喝的她，没有像大多数父母那样，去给儿女看孩子，反而自己又找了一份学校的工作，她说："那里能接触到很多年轻人，学习到很多新东西，自己不想被时代所淘汰。"

也是因为这样，已经到了"知天命"年纪的王阿姨，反而越活越年轻，充满新鲜活力，焕发出人生的鲜味。

大家看，这段描写像不像某个小区代表的先进事迹，或者是一个流水账？想要突出"鲜味人生"的主题，但只在表面下了功夫，看不到有任何的细节。这段描述几乎将王阿姨整个退休后的生活给勾勒出来了，只是为了证明题目和为了讲故事而讲故事的勾勒，有意义吗？没意义。我们说小场景法，就要通过小的聚焦点，强烈的画面感，去打造一个有细节、有逻辑、让人信服的故事出来。

那同样的话题，如何突出王阿姨这个虽已退休却充满活力的人物形象呢？

修改：

有一次在小区散步时，碰到隔壁王阿姨在广场上支起了三脚架，给舞蹈队的舞伴录抖音，简单闲聊几句后才知道，王阿姨的抖音号居然有十几万的粉丝……

大家看，通过王阿姨拍抖音的高光场景，就将一个老有所乐的"潮奶奶"的形象托出来了，这就是高光，就是画面，就是聚焦，就是我们要的。而不是王阿姨又学习这个又学习那个，大家脑海里没画面，写得再多也都是多余的，就给一个画面，老太太玩抖音，够不够潮？够！

一力降十会，细节不是靠字数堆起来的。

也许我们可以从学员笑书侠的《活着的意义是什么？这是最好的答案》这篇文章的"小场景法"叙事中找到答案。

例文：

活着的意义是什么？这是最好的答案

01

一次跟闺蜜小聚，聊天中她提到了那个让她绝望的周末。

起床的时候发现孩子发烧，开始忙着幼儿园、公司两头请假。背着电脑，抱着孩子去医院排队挂号。趁着孩子睡着，赶紧给老板发邮件。

又遭医生一顿奚落："工作重要还是孩子重要？"这头刚想解释，那边婆婆又出状况，说厨房下水道堵了，漏了一地水。她腿脚不好，不知道怎么办。给老公打电话，他说马上要做汇报，强行挂断了电话。

"老天爷是想玩儿死老娘。"闺蜜笑着爆粗口。

"也真是够够的，那一刻我跳楼的心都有了。"她有些激动，喝了口咖啡，略微平静下来。

"可有什么法子呢？孩子生病又不是他愿意的。老人年纪大，抗不住事也情有可原。老公为了这个家，还有每个月七八千的房贷，他的压力比我大。其实他们来找我，也是因为依赖我。回头想想，什么死不死的，人生啊，不就是这些事吗？"

"人生啊，不就是这些事吗？"这话说得好。

是啊，那些看似高深，虚无缥缈的价值、意义，不过都是些故弄玄虚的伪命题。

02

2017 年春运期间，各大社交媒体被一条"男子站 40 多小时不吃不睡回家过年"的新闻刷屏了。

42 岁的邢万强是一个在外打工的农民工，为了赶在春节前到家，只能买无座票，将近 50 小时的车程，他只能一路站回老家。

在中转站候车时，车站客运员陈俊注意到，邢万强随身的两个编织袋除了被褥，全是给孩子带的零食，他身上带的方便面吃完了，一直饿着肚子。陈俊看着心疼，为他在食堂打了三份饭菜。

邢万强一脸憨厚地说："不怕你们笑话，我已经两个月没有吃过这样的鸡腿了。"

谈到家里的情况，尤其是谈到孩子，记者问他："孩子跟你的感情深吗？"邢万强眼里含着泪说："经常不跟他们联系，孩子都已经快不认识我了。"

一位网友的评论格外刺眼：数千里路程，为了省一顿饭钱，在拥挤的车厢里站 40 多个小时不吃不睡，这样活着还有什么意思可言，还有什么乐趣可言？

底下的一条回复却让人泪目：再苟且的生活也总有人甘之

如饴。大概是因为他们明白：自己，是那个被需要的人。

说得好。因为被需要，你活着就有价值，就有意义。

凤凰卫视的记者曾深入走访过十二个自杀未遂的人，去探究他们的心理轨迹。这些人，都是在最后一刻放弃了死亡。

探寻后，记者得知，竟是同一个原因让他们在生死之间折返：想到了需要他们的人，放不下。

03

母亲离世那天的场景，我至今耿耿于怀。

前一天她还是有说有笑，第二天就陷入重度昏迷，临终连一句遗言也没有留下。

她的离世给我造成了前所未有的打击。

作为一名影视演员，到了现场就要求你抛下一切全情投入，但那段时间，我在现场频频忘词，错走调度。

在拍一场爆破戏时，因为我本人的疏忽，晚出场一分钟，导致整段戏作废，除了剧组经济上的损失之外，连群演都要再"死"一回。

摄影老师无奈地抱怨："收工吧。"

"你是不是觉得全天下就数你最惨？要哭就哭够了再来，剧组不是你发泄情绪的地方！能演就打起精神好好演，演不了我就换人！"导演把剧本甩到监视器上，劈头盖脸把我骂了一顿。

摄影老师见我准备撂挑子，把我拉到一边，跟我说："你不知道吧，两年前他在新疆拍外景的时候，孩子出了意外。剧组都在传这戏黄了。可谁也没想到，他硬是坚持着把最重要的一场戏拍完才请假回去，在殡仪馆守了儿子整整一夜，第二天又赶回了剧组继续拍戏，有人说，天底下哪有这么狠心的父亲，可是能怎么办呢，整个剧组都指着他，他得对那些人负责。"

那一刻我万分惭愧。

你只想到了，你因为亲人离世、因为和男友闹矛盾、因为脚崴到了……就理所应当地该被人理解、同情，甚至全世界的人都要包容你、体谅你。

错了。

无论你身处何种境地，都该扪心自问——你有没有对别人负责？因为你永远不会知道，对方是否也和你一样，正经历着人生的低谷和彷徨。

对别人负责，何尝不是一种对生命尽职尽责的大智慧？

04

在知乎上，有这样一个问题：

获得奥斯卡最佳外语片的日本电影《入殓师》，讲述的核心是什么？

底下有一个点赞上万的回答：苦难。

这部片子最打动人的就在于它用无比温和的语言告诉每个人：生活，人生，原本就是一场苦难的旅程。

男主角小林大悟被乐团辞退，阴差阳错当上了入殓师，因为这份不体面的工作，朋友开始疏远他，妻子也愤然回了娘家。

因为小林大悟的原因，老社长迟到了5分钟，就被丧者家属劈头盖脸地冷嘲热讽，即便这样，他依旧赔上笑脸。

经营澡堂的老奶奶辛劳了一辈子，子女始终没有理解她死守着这个破澡堂的原因。

电影最富有寓意的一个画面是：小林大悟站在桥上看到河里的鱼逆流而上，中间有些鱼因为体力不支累死在中途被河水冲走，但其余的鱼仍旧前赴后继。

小林感慨地说："真可悲啊，反正这么辛苦，最后不还不是会死掉？"

烧锅炉的老大爷经过，对小林大悟说："这就是它们的宿命，中途就算再辛苦，也要回到出生的地方啊。"

张扬导演的《叶落归根》讲述了农民工老赵为了一个承诺，历经艰辛一路背着工友的遗体返乡安葬的故事。

这中间老赵钱被偷、被黑店老板讹诈、被驱赶、献血被抓……终于最后他绝望了，在给工友挖好"风水宝地"后，他觉得自己太累了，活着太难了。于是准备和工友一起长眠在此。他挖好坑，绑好一块大石头，想借巨石之力把自己锤死，一了百了。

但是，影片戏剧性的一幕来了：当巨石迎面砸来的时候，老赵却下意识地闪开了，第二次、第三次……

佛说：众生皆苦。

纵有疾风起，人生不言弃。

人生本没有那么多精彩纷呈的意义，活着，就意味着和苦难并行，走走停停，挣不脱，甩不掉，要学会苦中作乐，甘苦如意。

05

生活中有太多这样的人：

明明流着泪，心都碎了，嘴上却说"我没事，我还好"；

站几十个小时的火车，只为省下几百块钱，给家里的孩子买只玩具熊；

已经累得想发火，想骂人，但是打开家门，就露出了笑脸；

说过一句"上有老，下有小"，就生生活成了无坚不摧的钢铁侠；

……

其实人生哪有那么多高深莫测的意义和为什么呢？

如果说有，那无非就像我那位朋友说的那样：

你被需要着，所以你得活着，你要对周围的人和事负责，你要学会和苦难为伴，你要活在当下，学会珍惜一点一滴的美好。

因为有爱，有责任，被需要，使那些本无意义的生命被赋予了一抹亮色。要知道，有今生，未必有来世了。

这是我听过的，关于人生意义的最好的答案。

愿你我都能好好珍惜身边的人和事。

我们看一下第三部分修改前的内容，再与修改后的内容进行对比。

妈妈走得很突然，头一天还是有说有笑，第二天就陷入深度昏迷，没有一句遗言留下。透过 ICU 厚厚的玻璃，我不忍望进去。浑身插满管子的母亲，此刻的内心一定是有意识的，只是她再也没办法表达。

那一刻深深的悔意刺痛着我的每一根神经，恨自己没能多陪陪她，没能多了解一下她内心的真实感受，如果时光可以再给我一次机会，我只想再好好地抱一抱她，再拉着她的手，说几句贴心话。

但，遗憾，已经永远地定格在了那里。告别仪式后，望着母亲的灵柩被推进熔炉的那一刻，我发疯似的扑了上去，那一瞬间，我没有任何其他的想法，只想随她而去。

但冷静过后，一种深深的负罪感开始不断地向我袭来，年迈的父亲、深爱自己的丈夫，还有那些亲朋好友，难道我可以就这样撒手离去？！甚至九泉之下的母亲，都不会原谅我的自私、不负责任。

在后来相当长的一段时间里，我一直沉浸在痛苦与思念之中。那天，我将一部未完的电影剧本通过邮箱发给了导演，并在最后附上：未完，无续！

片刻工夫，收到导演的短信：工作尚未完成，有何权力轻言放弃？

虽然没有嘘寒问暖，但是我知道，他在用另一种方式告诉我：必须好好活着，因为你还有未尽的责任！

自此以后，我再没有过轻生的念头。生活，虽然很多时候让我们身心疲惫，但是我们依然要坚强地活下去，因为这就是生命赋予我们的责任，不论你愿不愿意，这份厚重都会如影随形。

修改前的文字，感受太多，核心的场景几乎找不到，修改后的第一句就是"母亲离世那天的场景，我至今耿耿于怀"，直接锁定一个场景，修改后的场景被压缩成了三个，母亲的去世、被导演骂、听摄影老师讲故事，从感受变成了一种聚焦而又从容的叙述，文字流动起来了，情感聚焦起来了。

小场景法的核心要点集中体现在三个方面：聚焦点、画面感、峰终定律——高光时刻。

关于聚焦点和画面感，我们已经说过很多，也在反复不断重复这些概念，这里我想说一下"峰终定律"，也就是人们常说的"高光时刻"。

"峰终定律"是由诺贝尔奖得主、心理学家卡尼曼提出来的一个概念：当我们回忆经历的快乐的时候，这种快乐是由两个瞬间决定的：在顶峰时的感受，以及结束后的感受。

不过这个概念太拗口了，不如高光时刻更易理解。

所有的故事里面都应该出现一个高光时刻，无论这个时刻是情节的反转，还是某句关键对白，或者是某个人物的一句寓意深远的话，它们都能成为一个故事的高光。如何让这个高光对读者造成影响呢？不妨在高光出现的时候就让故事戛然而止。

例如：

> 如今俩人却因为这么一点儿小事就要离婚，外人看来的确有点儿不可思议。
>
> 我老公对表弟说："你这个人关键时候能顶上去，这是好事，但平时邋邋遢遢的毛病也要改一改，毕竟家常过日子，能有多少大风大浪让你冲在前面逞英雄？过日子就是锅碗瓢盆，一地鸡毛的杂事，要是因为一点儿小事就闹开了，简直对不起你们当初经历的那些甘苦。"
>
> 两人羞愧不已，都说今后一定注意这些小事。

在现实生活中，这个丈夫的一席话真的能让小两口一下子明白那么深刻的道理吗？未必，但是它营造的是一个高光时刻，说完这些，其实其他的话，后续两口子的反应已经不重要了，因为作者已经把想说的观点，把想要制造的高光时刻制造出来了。戛然而止，把问题留给读者，就可以了。

接着写，反而会受让文章索然无味。

关于小场景法，说句题外话：我用的这些例子，这些学员的文章，都是在践行小场景法写作的理念，这种方法是温和的，但是是有力量的，这一点，通过实践以及从实践中得到的反馈，我是可以确定的。这是一种不花哨、不会误人子弟的写作方法。

第十章

叙事妥当、结构干净、文字准确：
场景化叙事文采的密码

"一篇文章的文采，绝不是指堆砌华丽辞藻。"

这是我对写作营第一期的学员狮小主说过的一句话，这个作者的文学天赋极高，底蕴深厚，而且对小场景的写法有独到的领悟，但是唯独有一个问题：喜欢使用大量华丽夸张的形容词来装饰文章，喜欢炫技。

她说："我一下子真的改不过来。"事实上，10多天的写作训练，的确难以改掉之前的写作顽疾，于是，我建议她，只保留最朴素的形容词，在此基础之上，用好排比句，来为文章增强气势，这样或许会造就个人的风格。

她开始尝试这种"素雅克制的形容词＋排比句式"的写作方式，我们先来看两段她文章当中的文字：

蝉噪林愈静，鸟鸣山更幽。

默至极致，自有气象。

有时，这个世界过于吵闹，充斥着说教，填满了语言，反而让人无法平静下来，在沉默中"浊以静之徐清"。

电影《寻找千利休》中，日本茶圣千利休在一间陋室里招待王公将相。

斯是陋室，四壁萧然，没有了外界的嘈杂和干扰，主人洗茶、煮茶、筛茶，与客对饮，只剩下默然和宁静，就连铁血的君王枭雄，面对此景也不禁怆然涕下。

……

你横渡大海，自会明白大海在沉默中孕育着惊涛骇浪；

你翻越山川，自会明白山川在沉默中完成了沧海桑田；

你追慕长风，自会明白长风在沉默中推动着四季轮回；

你仰望白云，自会明白白云在沉默中怀揣着雷霆手段……

夸父逐日不语，鹏飞万里无言；

岭上花开寂静，水滴石穿默然：

你的沉默，自有力量。

——《你的沉默，自有力量》

我们习惯于盯着远方，仰望高处，却很少留意身边和当下，忽略了寻常巷陌的风景，忘却了铅华洗尽的朴素。烦恼的皮相之下，自有一派人间缠绵的烟火气。

人生若比喻成一条河，这途中总会遭遇各种各样未知的挑战和无穷无尽的烦恼——

从雪山逐级而下，不得不夹杂着泥沙，昼夜不息地奔腾；为了走出大漠，又必须忍受缓慢而酷烈的气候；横渡平原的时候，或被支脉分流，或遭洪水漫延；直至入海前的一刹那，仍需奋力一搏，与之激荡交融。

而那些不忍回顾的途经，有的成了幽深险绝的峡谷，有的成了漫漫沙海里的绿洲，有的成了浩渺开阔的湖泽。

成为人生那场波澜壮阔的旅途中，最为引人入胜的风景。

——《有一种幸福，常伪装成烦恼》

要知道，每个人都会有无比黯淡、孤独、脆弱、绝望的时刻，这样的时间可能是一阵子，也可能是很久。它暴风骤雨，来势汹汹，以至于可能还未及准备，我们就要被扔到风暴浪涛中。

剑未佩妥，出门已是江湖。手中若无利剑，徒手亦可纵横。守住自己，总会熬过去。

——《没有谁天生一副铠甲，但你可以让自己无坚不摧》

通过克制地使用形容词，并且用排比的句式来增强语气，抒情的部分节奏感很好，她的文章曾数十次登上《人民日报》微信公众号的"夜读"栏目，作者也曾连续上稿"十点读书"，出版了自己的畅销书，树立了明显的个人风格，这无疑是一次有益的尝试。

从此，我也开始思考，什么才是一篇文章的"文采"？

通过带出了越来越多的作者，这个答案也逐渐浮出水面，并且能写下来与大家一起分享了，新媒体文章的写作，所要强调的文采，应该包含三方面的内容：妥当、干净、准确。

一、叙事妥当

在《爱到深处是笨拙》这篇文章中，有这样一段描述：

我不相信姥爷会真的喜欢吃那些又酸又苦土腥味又大的菜帮子，当初的生活条件差，他把最好吃的都留给了我和姥姥，后来生活条件慢慢好起来了，他仍旧如此。

后来我慢慢明白，谁也不能和他抢那些最难吃的菜帮子，因为这就是他表达爱的方式：一种笨拙的、旷日持久的付出。

哪怕这道菜换成了山珍海味，他也仍旧会把其中最好的部分留给我，也许只有那些菜帮子的味道，才能让他回忆起当初的漫长岁月，甘之如饴，欣然老去，那个味道是什么美味佳肴都无法代替的。因为那里面，有回忆，也有他难以言说的爱。

在这段描述当中，动人之处就是妥当的文字描述。没有将姥爷对亲人的爱做感天动地的夸张的描写，只是通过老人家吃白菜帮的行为表达出来，却让人感觉到姥爷心中深沉的爱。不超出文章本身的表达语境，让文字漫天飞舞，这是作者需要时时铭记在心的"定律"，一旦超出文章本身的语境，就非常奇怪了。

上大学的时候，我们学院的学生组织了一次为市里的残疾儿童机构募捐的活动，这笔钱需要大家无论用什么方式自己想办法赚来，可以卖苹果，可以给别人装电脑系统。捐赠仪式上，有一位同学上台发言，他说了一段话：

> 通过这次活动，让我明白，在我们不太在意的地方，还有很多孩子过着那样的生活，我同时想起了远在叙利亚战火中和非洲大陆上那些流离失所的儿童，我希望我们的善举能够影响越来越多的人加入我们，改变这个世界。

其实当天晚上，我们整个班也就募捐到了 6 百块钱，这个同学的发言很深情，但是却有点儿不合时宜，我们只是帮助市里的一家慈善机构做了点儿力所能及的事情，远远到不了关怀中东或者非洲大陆的上千万儿童的程度，更改变不了这个世界。他说的话，有点儿太大了，让人觉得尴尬。

这种尴尬，就是表达欠妥造成的。如果你的文章主题只是家庭之间的亲情，那就不要动不动使用"人类的情感""古往今来的亲情""数不清的人们"……这样大而无当的表述，**小笔不要写大字**；如果你的文章主题是说"社会发展的目标"，但是你用的例子都是"我三叔家的侄子""我们小区的业主"……同样也欠妥，温情的文章要用"温柔"的字眼去匹配，励志的文章就要用"激昂"的字眼去匹配。

我此前批注过学员的一篇文章，题目叫《你的道德，其实也是一种恶》，这个选题还是蛮有意思的，但作者在下笔行文的过程，陷入了一个怪圈子：她试图从科学的角度去剖析这种现象的根源，这样一来，就势必牵扯进来许多的背景、行业数据、大趋势……这样写，难免长篇累牍，而最后的结果就是累赘、生硬。

真想去了解平庸之恶或者道德之恶的人，去知网上搜一搜就可以了，一篇两千字的观点文不需要承载宏大的学术命题，以及宏大的人文抱负，抽出来几个生活的小片段，就可以说明白了。

好的故事，呈现出来的文采，是有细节的，这在此前的章节里也谈到过，这就要求作者的每个故事都要突出细节，而不是一味地按照背景交代、过程描述和事后评价来写。

大概的思路就是，首先确定选题和框架，其次确定故事和观点，最后展示合适的语言与风格。

二、结构干净

有些作者具有相当成熟的写作技巧，但是文字却很"脏"。典型表现有：

- 文章惺惺作态；
- 喜欢用格调不高的流行语、行话以及陈词滥调；
- 堆砌；

· 风格不统一。

来看一个例子：

小学妹芊芊苦恼担忧地说："接到客户投诉总是战战兢兢，其实我处理得比较得体，就是害怕老板发脾气，恐慌做错，怕老板对我印象不好，说我能力不足。"

心理学家库利说："对每个人来说，他人都是一面镜子，个人通过社会交往了解到别人对自己的看法，从而形成自我。"

童年时的重要他人是怎么评价自己的，对自我的形成很关键。

芊芊从小被家长和老师视为乖乖女，顺从权威是她从小形成的思维模式。

你身边有没有类似芊芊的朋友，总是会千方百计地证明自己，渴望每一件事都做好，希望他人的评价都是积极的。

在职场中，很多缺乏安全感的人，都来自缺乏安全感的家庭。很多人因为童年经历烙印在脑海里，像有个严酷的小人，时刻在鞭笞索求安全感。而恰恰是这种不厌其烦地向外寻求，导致了缺乏自我肯定。

心理学家卡伦·霍妮说，当父母对儿童实施漠视，缺乏尊重和真诚指导，缺乏赞扬、令人信赖的温暖，让儿童在争吵的父母中选择一方，负担过多的责任或不负责任时，儿童会对父母产生基本敌意。

因为儿童还无力改变环境，又不得不依赖父母，因而必须压抑敌意。

这种隐形的心理创伤，很有可能带到成年阶段，有些人容易沦为安全感的乞丐，不停地向外界验证，比如领导、同事、权威。

实际上，在不断变幻的职场中，如何才能获得可持续的生产力？

是当你有了终身学习的意识和能力开始的；

是当你建构清晰的思考维度，不人云亦云，遇到事情不盲从开始的；

是当你不卑不亢，发表有价值的见解那一刻开始的。

文章里出现了大量的心理学名词，涉及了原生家庭、职场心理多个场景，其中像"思维模式""持续的生产力""维度"等大量的行业术语，就会让描述显得非常"不干净""脏乱"。

怎么去除这些问题呢？塞缪尔·巴特勒说："写长句总是比写短句更简单。"

我们在写文章的时候，恰恰是要用好短句，大多数情况下，当一句话超过十个字的时候，作者就该考虑用句号结束这句话了。

在新媒体写作当中，更要善于用短句，短句子能给人以更好的阅读体验，干脆，利落，不拖泥带水，拐弯抹角。

大家可以对比这两个句子：

小明今天在上学的路上遇到一条色彩斑斓非常可怕而且可能有毒的蛇。

小明上学路上，遇见一条蛇，这条蛇色彩斑斓，可能有毒。

同样意思的一个句子，通过拆分，会更简单明白，而上面的长句子，则显得拐弯抹角，"翻译腔"十足，令人阅读起来很费劲。

所谓弃长补短，就是要做到：

1. 多用短句，少用长句。

2. 多口语化的表达，少书面语言和翻译腔式的表达，尤其是过长的从属短语和多层逻辑的表达。

如果你读起来都觉得费劲的句子，就不要给读者看；长的就拆成短的，多层的就拆解成单层的。比起"无时无刻不在担心"，"我很担心你"要好读得多。

3. 洗练。

用处不大的诸如"我认为……""……啊"这样的词语，会让文章显得婆婆妈妈。

4. 多用动词、名词、定语，要给人简单、明白、干净利落的阅读体验。

一个衣着得体的小姑娘，不用说话，就让人赏心悦目，浓妆艳抹只会适得其反。

一个学生给我发来一篇文章，题目叫《纠结，是自我内耗的开始》，当天晚上新华社微信公众号发了一篇文章《有种能力，叫遇事不纠结》，同样的表达，后者就比前者要干净、明白，更富有文采，直接点明"不纠结是一种能力"。

三、文字准确

文章的文采，要准确。

我在《民国第一才女吕碧城：所谓的活出自己，就是内心足够强大》这篇文章当中，有过唯一一处对吕碧城的评论，如果硬要说这篇文章的文采，那估计也只有这一段用到了一些"有文采"的字眼。这段话是这样的：

有人问她，袁克文怎么样？

她淡然一笑："袁，属公子哥儿。"

吕碧城遍览民国才子如云烟过眼，在整个中国历史上，将整个国家之精英拿来挑选的事情实属罕见。

昔日，她是被人抛弃，遭舅父辱骂的弱女子，她对婚姻乃至人生有着诸多的悲观和失望。而今她摇身一变，把命运的雷霆攥握在自己的手中，将天下的好男儿置于眼底而毫无赧色。

　　她徜徉在自己的王国里，谁也不用攀附，谁也不用仰望，仰赖着手中的一支笔，仰赖着冲冠意气的豪情，生生活成了一个穿着盔甲的女王，被人誉为"东方公主"。

　　真正强大的人，不会将自己的人生寄托于一份爱情或者工作，哪怕时运不济，他们也要牢牢地将命运攥在自己的手中，面对质疑乃至攻讦，也能自始至终不改初心。

　　宁缺毋滥，去他的将就。

　　就这样，吕碧城终身未婚。

　　很多读者私信给我，说"把命运的雷霆攥握在自己的手中""穿着盔甲的女王"这些话写得很好，很受触动。

　　为何呢？

　　雷霆这个字眼是最适合这个一身傲骨的奇女子的。这个字眼是准确的，所以它打动了读者。"巨石""苦海"都不符合吕碧城潇洒飘逸的性格，读者就会觉得这些字眼没意思，甚至不对。

　　马克·吐温有句名言："正确的词，与差不多正确的词之间的差别，就像是闪电与萤火虫之间的区别。"

　　文采一定是那些让文章叙事妥当、结构干净、文字准确的词汇和句子。

　　苏轼有苏轼的文采，杜甫有杜甫的文采，文采成就了一个作者的写作风格和辨识度，但是文采绝对不简简单单指的是华丽的辞藻，如果你使用的字眼对于文章本身没有用，那这样的字眼就毫无疑问是多余的，砍掉删掉，毫不可惜。

素养篇

第十一章

结构、增量、情绪：新媒体写作的三个底层逻辑

什么叫底层逻辑?

我们可以将其理解为基础逻辑和初始逻辑，简单来说，就是一些写文章的基本思维和方法。要写一篇文章，可能是情感文，可能是观点文，可能是人物文，也可能是行业文（职场、年度报告），作者用的方法是有区别的，但是基础的逻辑不会有太多的花样。在掌握这些基本逻辑的基础上，再根据自己的需要去学习那些具体的应用方法，是我一直比较倡导的写作观。

底层逻辑，不像大多数人想象的那样，很神秘，或者说很玄，玄到不可说。新媒体写作的三个底层逻辑是哪些呢?

总结起来就是：符合逻辑的结构、有效的知识增量、情绪的穿插起伏。

一、符合逻辑的结构

结构，或者直接叫文章的框架，我们之前在第二章，专门论述过这一点，但在日常的教学和与学员的沟通当中，我发现了一个非常普遍的现象，那就是，很多写出来的文章，观点、案例都不乏精彩和可圈可点的地方，但问题往往出在大标题、小标题和故事素材的逻辑混乱上。

拿《只有不努力的人，才整天把梦想挂在嘴边》这篇文章为例。

一个学员的初稿提纲是这么列的：

一、不努力的高调者，早晚会失败＋例子（某博士的例子）；

二、努力的低调者，早晚会一鸣惊人＋例子（马云成名前兼职保险公司，最后一鸣惊人的例子）；

三、人要有梦想，可以偶尔喊，自己心里喊，但不要整天挂在嘴边。

我当时给他的点评是：三个分观点，本身构不成逻辑，一、二点表达的是一个正反对比，第三点只是简单地重复了标题。小标题首要的目的在于传达观点，虽然很短，仍能表达完整的想法。"真正努力的人，都是低调、踏实的人。因为他坚信：自己的脚踏实地、埋头苦干才是实现梦想的不二法宝。"这就是一个很典型的表达意图的句子，但它不是一个观点。观点是什么呢？观点是用最短的表达，传达最准确的信息。如果这句话改成"低调踏实，才是努力真正的样子"，那就是一个观点了。

上面是我的点评。如果这位学员能明白这段话的意思，或许，他会做如下修改：

一、那些高调的人后来都怎么样了？

二、那些低调的人后来都怎么样了？

三、成功的人，都在做这些事。

修改后的大纲和框架，就能清晰地让读者看到成功和非成功者之间的对比，想要成功应该如何做。整个结构，虽然简单，但是一目了然，读者会觉得文章的逻辑特别强。

文章的逻辑集中体现在结构上，好的文章一般遵从金字塔结构，在金字塔顶端的是结论，在金字塔的中间和下面的是论据，论据一般是两到四个，用来支撑论点。

每个论据都能论证上一级的论点，每个论点又能论证你的结论，这样就形成了结论先行，层层递进的金字塔结构。

为了写出清晰的结构，可以在写文章前列出大纲，理顺文章的逻辑。有些同学没有列大纲的习惯，结果写着写着就跑题了；有些小伙伴不列大纲是为了省时间，结果写到一半不知道如何写下去，或者是觉得小标题、结构都不重要，觉得列大纲是在浪费时间。即便是真的没有写大纲的习惯，也要打好腹稿，有把握之后再下笔。

磨刀不误砍柴工，写文章前不妨花半小时思考逻辑，列出大纲。

然后按照列好的框架来写。写文章不仅仅是对文字本身的训练，还是一种逻辑训练，有人文笔很好，但是只能修改别人的文章，加一些形容词和好看的句子，自己却写不出来一篇好文章，因为这样的人空有文笔而没有逻辑。

二、有效的知识增量

关于知识增量，其实前面章节中说得已经很多了，但我还是要说，重复不断地说、强调。

用最直接的大白话来解释吧，所谓的知识增量，就是要让文章当中有大家没听过没想过的新鲜观点，或者是大家没见过的但是贴合文章观点的精彩案例，总之，就是要让文章有一种新鲜感。

如何有这种新鲜感呢？

"名人物、名事件"的案例不用，用新鲜有效的素材

例如：李白铁杵磨成针、陆游唐婉的爱情故事、苏轼的豁达、四大名著里的故事、民国的故事、初高中课本里的名人或段落、老旧的"鸡汤"例子（马云、俞敏洪、比尔·盖茨……）等等。要知道知识增量的获取，很大程度上源自素材的新鲜程度，如雷军的例子就在一定程度上要比马云的例子更好一些，今日头条的崛起故事就一定要比联想的崛起故事更引人注目，王健林的作息表就一定比王健林的成长史更加有意思，为什么？因为它们新鲜，贴合时代，融入大家的生活。让文章拥有知识增量。最简单的办法就是，你能想到的故事，一概不用，另外寻找新的素材和第三、第四、第五落点，并将其当成基本功来训练。

作者林子树当初投给我的一篇稿子，是纪念田家炳先生的，后来发在了《读者》的微信公众号上面，文章当中写到了他在捐赠仪式上的一些事，我看完之后，觉得缺少细节。对于田家炳这样的人物，如果只是像新闻那样写，就只能是个新闻稿，想要改变文章的面目，除非是增加细节。我根据他的文章信息，找到了那天的新闻，发现了一个小细节，"田家炳给学生鞠躬，拒绝工作人员的搀扶"这样一个小到不能再小的细节。然后我帮作者进行了修改，修改之后的文字是：

前段时间，田家炳受邀参加田家炳中学校长论坛，这位多所学校的名誉博士谦虚地说："我学历很低，今天能与诸位谈教育，实在是惭愧。但是提高国民教育水平，是我毕生希望所在，中学教育是兴学育才的基础，而校长是掌舵者，实在是有望诸位努力。"

说完后，这位88岁高龄的老者向在场的中学校长们深深地鞠了一躬，这个躬包含着他对教育满满的期望，然后拒绝别人的搀扶，缓缓走下主席台。

为了教育事业，他用尽了余生的精力和心血，如同别人评价他的那样：

名标星座，泽荫神州。

这八个字，田家炳当之无愧。

这一个小细节，就能较好地将人物的性格和人格魅力凸显出来，就形成了意想不到的"隽永"感、"绵长"感。

有逻辑的故事，一定胜过粗暴逻辑的案例

举几个最典型例子：

一个人经过努力……最后取得成功……

所有人都没有坚持，他坚持下来了，成功了……

这样简单粗暴的励志故事，在今天行不通了。

努力就会成功，坚持就会成功，有梦就会成功……在这样的逻辑下写出的素材和故事，即便是真人真事，也不会被读者买单接受，还会被当成"毒鸡汤"和假故事看待。

再来看下面这则案例：

第一个例子：一个女生很勤奋，身边的人写公号文章，因为没有什么成绩，都纷纷放弃了，她咬牙坚持下来，最后成功了；

第二个例子：一个女生很勤奋，每天下班都去图书馆找资料写文章，为了省一顿饭钱，她每次走的时候，都在图书馆门口卖煎饼果子的阿姨那里买煎饼果子，阿姨总是鼓励她坚持，而且每天都看她写的文章，后来她成功了。有人问她成功的秘密是什么，她总会告诉别人，是一个卖煎饼果子的阿姨的一句话，让她坚持到了今天。

同样一个女孩儿逆袭的故事，能感动人的一定是第二个，它是具体的，有逻辑的，有情有理、有细节的，而第一个例子，只是一个冷冰冰的案例，跟普通人的生活完全脱节。

努力就成功的空洞口号，根本无法说服人。

作者大摇有过这样一段描述：

前几天和一个做外贸的小伙伴聊天，她和我抱怨，今年就要满 30 了，月入两万，却依然不能在深圳实现定居的梦想，有时候想要对自己好点，业余想要学学画画，但是想想学费真的好贵，还要负担房租，想着存钱买房，就会心口一疼，感觉好像怎么努力都够不到天花板。每天晚上下班回家，看着万家灯火就会有一丝悲凉入心头，不知道自己坚持"深漂"是不是对的，是否应该回老家发展，再找个踏实的人嫁了。但是她顿了顿和我说："就是不甘心，想要咬牙坚持下去，却觉得和自己想要的生活相差甚远，感觉人生真的太辛苦了。"

这段话有没有问题呢?

在我看来,这个故事的设定是有一些问题的,我给她的批注是:

月入两万,很容易让人觉得这个人无病呻吟,可以改为"收入中等""收入还不错"……这些中间概念。而且这个小故事少了一个逻辑上的合理之处就是:是什么让这个女生觉得生活苦?比如对比下班开车回家的同事、继承家业的房东等等,有了和身边人物的对比,才能凸显自己的生活之苦。这是讲故事的一个很重要的逻辑。

读者可能想读的是如何自律,是如何承认自己的普通与平凡,是如何学会与自己和解,是如何正确地处理矛盾,是因为知道自己的长处而去坚持哪怕遭人非议的成功故事,是有真实情感真实逻辑的故事,是无奈、焦虑、恐惧、郁闷这些串联着情感的情绪,而不是一个谁都明白的大道理。

有效的素材收集,利用身边的元素为文章增加亮点

有人看《爸爸去哪儿》就会傻笑,有人就能从亲子的角度去写文章;有人看到一篇新文章觉得挺稀奇,有人就能从背后挖掘出不一样的价值观并做出阐述。归根到底,要利用今天纷繁多样的信息触手,去为自己的文章增添时代的元素,看电视剧《都挺好》《安家》,那关注一下原生家庭吧,将剧中的一

段台词或者桥段加入文章当中，这不是非常合适吗？刷头条、刷抖音、刷微博、逛知乎、逛贴吧……都是这样的思路。关于素材搜集，前面已经介绍得十分详细了。

三、情绪的穿插起伏

文章要有情绪的穿插起伏。

很多时候，我们给学员的建议，都是这篇文章有点儿平。这个平就是说文章缺乏情绪的起伏，有的文章通读下来，通篇说理，读着干巴巴的；有的文章只讲故事，又显得很油腻；有的文章通篇观点，读起来很浮躁。搭配好观点、素材、情绪，是重要的。

比如，还用上面《只有不努力的人，才整天把梦想挂在嘴边》这篇文章为例。有的学员的三个小标题是：

不要假装你很努力；

不要觉得自己很牛；

不要把时间浪费在刷朋友圈上。

这有一个什么的问题呢？

观点越走越小，越走越细，而且三个观点有点不搭界，很随性，一是看不出来逻辑关系，二是看不到情绪起伏，随机散漫，导致逻辑、情绪全无。

有的学员是这样写的：

小标题1：努力的人没有梦想，只有目标；

小标题2：努力的人没有明天再做，只有马上行动。

我的点评是这样的：

两个小标题都中规中矩，小标题2语气上有点儿弱，作为最后的结尾部分，情绪一定要提上去，语气也要强一些，"努力的人没有明天再做，只有马上行动"这个语气就很弱。如果你改成"行动，行动，行动！"这样就更直接。

也就是说，最后情绪该起来的时候，你的遣词造句一定要配合着这种情绪，相应的最核心的观点也应该在最后的部分强调出来，别人都等着你最后的副歌和高潮呢，你这儿没了，就会让人非常扫兴。

要让文章像海浪一样，有起伏波动，不能像池塘里的水一样，波澜不起。

布兰登·罗伊尔认为，写作由四大支柱组成：结构、风格、可读性、语法。

每个人所理解的文章底层逻辑都不太一样，新媒体和传统媒体的写作方法论也稍有不同，大家不妨也总结出自己的文章底层逻辑，要让文字在科学和适应自己写作习惯的基础上去转化成文章。

组成文章底层逻辑的无非就是一些最基础的写作手法，在这一点上，不要想得过于复杂，无非就是利用那些环节，采用适合自己的元素去写文章罢了。

第十二章

"和时间作战"：创作者的时间管理三步法

这一章我们来谈一谈写作者应该如何管理自己的时间。

写作是一项系统的工程，只有合理地对自己有限的时间进行管理，才能使其成为一项长久的傍身技能。

可能你非常有才华，可能你在前面学到了一些有用的理论知识，跃跃欲试。

但是，假如你的才华和你学到的知识，无法持续地兑现，那么最后的结果很可能大打折扣。可以这么说，**管理时间，就是管理你的知识，管理你的财富，管理你的成就。**

那么，有哪些好的管理时间的方法？我从以下三方面来谈。

一、打造"真空时间"，屏蔽外界干扰

当你决定下笔的时候，就要确保在接下来的一段时间里，留给写作的是一段"真空时间"。这段时间，不能有干扰，也不能转移注意力去做别的事情，这是一段只属于写作的时间，

不能用来做别的事情。

　　具体的做法是：

找到一个相对安静、舒适，且独立、密闭的空间

　　没有噪音干扰，也没有杂乱的物品，可以手机循环放上一段舒缓的钢琴曲，或者在喜马拉雅上下载一段雨声、风声，或者打开"小睡眠"放上一段舒缓的白噪音——总之先让你的心绪回归平静、简单。

摆脱写作过程当中对你影响最大的因素：社交焦虑

　　如设置自己的微信签名、头像，将自己的空间背景图设置成"晚上8点到10点，写作时间，拒绝聊天"，久而久之，你会渐渐摆脱社交焦虑，将这段时间夺回来。

尝试"番茄工作法"

　　将25分钟设定为一个"番茄钟"，完成任务后，休息2分钟，继续完成下一个25分钟，直至完成三个以上"番茄钟"。通过阶段性的成就感，不断增强自信心的方法值得一试。这个方式的精髓就在于，设定好相对较短时间的目标结果导向，全力以赴完成。

留给写作10分钟的"复盘时间"

　　这10分钟当中，你要做什么呢？

第一步，看一下题目和提纲。

题目是否吸引人，符不符合新媒体文章标题的范式和原则，提纲有没有跑题、重复、逻辑混乱等。

第二步，看看段落的布局是否合理。

主要的与次要的素材是否做到了君臣相辅，有没有素材老套、喧宾夺主，有没有今天新鲜的热点可以用到文章当中。

第三步，每个部分是否有金句。

每个部分的金句多不多，或者少不少，读起来有没有比较牵强的句子，观点金句是不是能说服自己，是不是能说服别人？

最后一步，文章还有哪些修改和提升的空间和余地。

通过这几步，逐渐做好文章的管理和修复。

通过上述打造"真空时间"的方法，不断在阶段的时间范围里，提升自己写文章和文章复盘的能力。

二、寻找"写作节奏"，坚持付诸实施

节奏很重要。

今天心血来潮，写了一万字，结果三天打鱼两天晒网，到了第三天、第四天一个字都没写。节奏把握不好，写作无法走得长远。

也许下面的这几个方法，能帮到你：

设定一个小目标

你要在接下来的一个小时里完成一千八百字，还是写好文章的大纲，或是完成素材的整理？一旦定好目标，全力以赴去完成它，哪怕你写出来的两千字，自认为是垃圾也要写完，不要断，有些文章一断，后面就是再有精力和时间都续不上，这点非常重要，每天坚持写一千八百字，用不了半个月，这些垃圾里面就会出现闪光的金子。

坚持一个月，初步养成"写作节奏"

初步的"写作节奏"养成后，你至少会发现两件事，一是那些垃圾一样的文字里也有金子，而你精心准备写出的文字里也有垃圾；二是你能很轻松地写两千字了，垃圾越来越少，思路越来越清晰，写出来的跟想象的越来越契合。

进入节奏时间后，如果才思枯竭，可尝试"15分钟工作法"

在这15分钟里，什么都不做，保持放空状态，15分钟后开始尝试写作，如此不断循环，逐渐调整好写作的心态和意志，以及注意力、专注力，直到坐下来能心无杂念地写作。

养成写作节奏，最关键的是写作习惯和写作方法的养成

这里我要强调的是，任何的写作都要遵循一定的规律和制约，什么意思呢？比如这两天有学员投稿给我，自以为非常满意、铁定上稿的文章，结果选题不合适、框架不合理、素材也不出彩，这种情况，我一般会极力去挽救甚至抢救这篇稿子，毕竟作者付出了心血，但是这个过程是一个双向痛苦的过程。作者明明可以先发选题跟框架，差不多两百字的介绍过来，看看文章能不能采用，结果交上来一个两千多字的废稿，多可惜啊，这样一来，写稿的节奏、改稿的节奏就全部乱掉了。最好是找到一个熟悉的朋友或者是专业的平台编辑，把你的提纲让别人看一看，让他们提一提意见，得到的反馈是没有问题，之后再写文章，这个时候的文章，要修改的话，无非是改一改素材跟语句，不伤筋动骨。因而要养成先找选题点，再做选题框架，然后往里填充素材，最后再修修补补，打磨完成一篇文章的好习惯。

三、设定"截止日期"，做好时间预算

凡事都要有时间意识，要知道哪些事必须要做，哪些事必须在什么时候完成。一定要养成在截止时间前完成的意识，在截止日期到来之前拿出成绩和成果。

我的建议是：

利用零碎时间做好素材和关键信息的搜索工作，用最有效的核心时间来写文章

大家对碎片化阅读嗤之以鼻，却对碎片化时间大加赞赏，为什么呢？就因为碎片化时间是一种常态，大家平时生活工作节奏都很快，这就要求合理使用碎片化时间去做事情。

注意，我说的做事情指的不是刷抖音、看头条、玩手游、看微博，而是什么呢，是在你刷抖音、看头条、看微博的时候，带着选题意识解决写作前的选题和素材的问题，比如头条上的生活热点，这可能就是一个选题，微博上谁谁谁又因为身材好上热搜了，这就是一个自律的话题，抖音上扎心的话触动你了，那这就可能是一个选题的来源。

玩，要带上一些目的性，玩和娱乐的同时，还做出了选题，两全其美。

进一步细分规划好自己的黄金时间

如果不清楚什么时间是黄金时间，那可以试着去观察自己刷抖音短视频，看段子是在什么时候，这些就是你应该用来写作的黄金时间。记住，你看到的段子和短视频，都是别人顶着焦虑和花费了大量时间创作出来的；我们不能永远只做一个看客。利用好自己的黄金时间，去真正做点儿事情。大家可以试想一下，一天发现一个好的选题，一周，一个月……累积起来，你就拥有很多的好选题了。

确定月度的计划节点

这个节点不要设计得太高，因为你很可能完不成，但也不要和现在的状态持平，要高于你目前的节奏，逐次加码，多一个大纲或者多五个选题，逐渐去积累，积累这些"小成就"，对于树立自信心有很大帮助。

对于每个写作者来说，时间都是最宝贵的，因为你的身份可能是每天都很忙碌的上班族，或者是杂事缠身的家庭主妇，或者是有肩颈疾病无法长期伏案写作的人……

请明白一件事情，所有的事情，能提升自己的事情，都只能是利用有限的时间来做，下班后你可能只有半个小时时间是属于自己的，周末可能也只能拿出一点儿可怜的时间来做自己喜欢的事情，但这就是做事情的意义所在。

利用好这半个小时，哪怕是 15 分钟，做点儿真正能提升自己的事情。

第十三章

关于投稿：头不是用来撞南墙的，而是用来思考问题的

经常有学员在群里很激动地说："我的第二篇文章被《人民日报》和'十点读书'这两个微信公众号同时转载了，好开心！""我的文章登上《读者》跟'有书'这两个微信公众号的头条了，简直不敢想象！"

很多写作新人，在刚开始的时候都会有这样的愿望：我的文章什么时候也能被千万粉丝的超级大号转载？我的文章什么时候也能被上百家公号申请开白名单授权……

想想都激动。

激动是肯定的，但是激动完，冷静下来，仔细分析：为什么你的文章没有被千万大号垂青？

平台规则

首先，熟悉平台规则。很多人常常选择忽略这一步，认为

只要是文章好，就没问题，于是不撞南墙不回头，撞了南墙也不回头。如果不熟悉这些规则，即便你文章再好，那也很可能永远都入选不了。

熟悉平台规则，这在大多数人眼中最不重要的一步，恰恰是最关键的一步，是基础。

平台规则包含很多内容，但主要有如下三点：平台属性、受众人群、偏爱题材。

拿两个比较有代表性的微信公号来分析：《人民日报》《读者》。

它们的共性都是 600 万粉丝以上的大号，但又有区别。

从平台属性上来说，《人民日报》代表的是新闻媒体，它的文章内容多为励志、正能量的；《读者》上的文章是观点、见识，生活方式类的观点文居多；

从受众人群来说，《人民日报》涵盖人群范围最广，影响最大，受众人群涵盖了各个年龄阶段，是权威；《读者》新媒体，依托《读者》杂志的品牌美誉度，受众主要是 25 岁以上的成年人。

从偏爱题材来说，《人民日报》的"夜读"栏目，以励志正能量类文章为主，比如努力、梦想、奋斗、亲情、人品等，《读者》以情商观点和生活方式类文章为主，比如婚姻、家庭、生活圈子、自律、中年人群体等。

还有一些非常容易被人忽略的规则，如"夜读"的文章字数通常会要求限制在一千五百字上下，而《读者》的文章受欢迎的字数是两千字上下。它们发布的时间也有差异，《读者》

是晚 8 点的时间段，《人民日报》"夜读"是晚上 10 点左右。

熟悉这些规则有什么用呢？

举个例子，比如《赚钱，能治愈一切矫情》这篇文章，就不推荐投"夜读"，这是一篇明显带有导向性的观点文，而且观点并不是很公允，《人民日报》微信公众号肯定不会采用这种稿件，不是好不好的问题，是调性完全不相符合的问题。

所以，你要想在某个大号平台上发文章，就要首先去了解这个号的属性，了解它发文的规律。

很多读者一不看要求，二不看平台本身的属性，自以为天下第一，那怎么能行呢？

至今仍有不少的读者，找到我问："老师，《读者》收不收长篇连载小说？"我一般会耐心回答一下："我们是文摘类的杂志，新媒体是观点类的公众号，不收小说。"但他又问："那日记连载呢？随感呢？收不收，我不要你们给我稿费，我就是想展示一下。"你说这样的问题是回答还是不回呢？

这同到了一家餐馆，不看菜谱就点菜的问题是一样了。

所以，要在一开始就做到心中有数。想在任何一个平台有所作为，首先就要弄明白，平台属性、受众人群、偏爱题材这三点，否则，只能起到事倍功半的效果。

打磨文章

文章的打磨是一个非常耗费精力的过程。

这里我要强调几点：

第一，新媒体文章最重要的是故事和观点

新媒体文章不注重传统意义上的"文采跟文体"，相比于文采和文体，好的观点、妥当的故事、合理地设定情绪才是最重要的，而这其中最重要的就是"观点＋故事"，有角度的观点，加上合理的故事，是一篇新媒体文章最为核心、核心、核心的灵魂。

第二，别孤芳自赏，多让身边的朋友帮你提提意见

文章当中你越害怕别人指出来的部分，就越是你需要改进的地方，不要抱侥幸心理，不要觉得别人会看不出来你文章当中敷衍的部分。我在改稿的过程当中，经常遇见这种情况，有次我看了一篇文章觉得其中有几部分很不对，就问作者，他给我的答复是："老师，我当时有点儿赶，就想着那几个部分糊弄一下，你应该看不太出来。"可是我看出来了。

文章当中可以有不满意的地方，但是一定不能有拿不准的地方。往往抱着"写出来看看吧"的心态写出来的文章，最后都被读者弃之如敝屣。写出文章来，多让周围的人提意见，包

括其他作者。两位作者可以结成对子，两个人互相点评，有些自己不想面对或不敢面对的东西，经别人的口说出来，反而是好事情。

第三，找专业的人帮你提建议

别觉得会浪费别人很多时间，专业的作者一眼就能看出你文章的症结所在，也请对方务必不要碍于面子不好意思指出来。要知道，这些人的三两句话，可能就让你茅塞顿开，受益良多。

第四，你可能没有太多的时间去读书，但一定要拿出一定的时间去搜集素材

在这么发达的当下，电脑可以代人完成许多重要的搜索工作，四大名著，大家都听腻了，网络上有更多的真实的新闻故事，有更多的高赞分享，有更多的高效的分享。你的文章，要紧贴着这个时代，写出新鲜度。

主动出击

我身边有很多人有自己的微信公众号，他们经常是写完一篇文章，就在那里等着，等着伯乐来发现这篇千里马文章。

机会永远不是等来的，机会是留给有准备的人的。

你要主动出击。

　　否则，就拿我自己来说，我一天要看编辑选上来的几十篇文章，根本就没有时间去发现那些有潜力但是还没有名气的作者。因此，如何想方设法，让你的文章出现在各大公号编辑的对话框里，这个是非常重要的。

　　通常，他们判断一篇文章是否能采用的时间不超过10秒钟。

　　更不会因为你没有名气，就将你拒于千里之外，好文章太少啦！如果真的是一篇好文章，他们马上就会关注你，如果有自己的作者平台，更会考虑跟你签约。

　　"卓尔平凡"就是这样的作者，她学到理论知识之后，就独自到千万大号的微信栏目当中找投稿的方式，直接联系对方的编辑，不断地去主动出击投稿，刚开始被频繁拒稿，到后来一口气收到了五家千万级别大号编辑的签约合同。

　　有些作者是什么都不做，因为在他看来这一定很复杂、很难，人家怎么可能搭理你呢？如果有这样的想法，那这个事情还真的就挺困难的了。

　　我常鼓励一些新人写作者坚持，有些被我漏掉一次的信息，如果两次、三次出现在我的对话框里，我一定会记住这个人，一定会点开他发给我的链接，也一定会给他一些建议，甚至会根据文章属性，帮忙推荐到别的平台。

第十四章

关于定位：一篇新媒体文章就是在做定位

有人说，新媒体文章就是追热点，什么热就追什么，追追追就行了。

是这样吗？显然这样的回答是一知半解，是偏颇的。

来看两个题目。

《女童举吊瓶参观衡水中学上热搜》

《女童举吊瓶参观衡中：望子成龙正在毁掉你的孩子》

这两个题目不同，第一个题目，是个新闻标题，是纯热点式的文章题目，有时效性，过去了就成旧闻；第二个标题，同样介绍了这个事件，但是作者把观点添加上来了："望子成龙正在毁掉你的孩子"。这样一来，热点只是一个引子，真正的落脚点是后面的观点。这样一来，文章的定位就清楚了，而且文章时效性的局限也就没有了，不会过时，任何时候看，都是有借鉴意义的。

新媒体文章当然是要贴近热点、关注生活的，但不是说，新媒体文章就和热点文章画上等号。

新媒体文章写作的一个很重要的点就是做定位。

上面这两个题目，它们的定位不同，文章的价值也产生了不同，一个就是新闻，一个是借助热点的文章。

做定位其实就是：我是谁（身份）、我要写什么样的文章（价值）、我的读者是谁（认同）。

那么，我们应该如何去做定位呢？

有四点：明确亲密场景、评估从属价值、识别核心痛点、打造情感落点。

新媒体做定位的核心问题一：明确亲密场景

亲密场景包括两部分，一部分是自我定位，一部分是写作的原生环境的定位，也就是说你是谁，你擅长写什么，你生活的环境里那些最常见的场景有哪些，你能在这些常见的场景当中获取哪些素材？

你是学生，还是律师，是心理学者，还是情感达人？

首先要明确自己的身份。身份的打造，是给自己同时也是给读者的一个强烈的信号和暗示：在某个领域，你是一个深度耕耘、拥有真知灼见的专业创作者，是一个标签明白、值得信赖的 IP，否则你今天写励志，明天写职场，今天写两性，明天写热点，就会直接导致标签的混乱，读者识别不了你的身份，就会怀疑和动摇、犹豫，甚至潜意识里对这个作者产生质疑。

"你是谁，你擅长写什么？"这是所有新媒体写作的原点。

大家不妨遵循几个原则：

第一，身份不能来回转变、摇摆

如果你是一个情感类的作家，就不要轻易涉足职场或者热门观点评论，这些并非你所擅长，而且你也不会写出有深度的东西，一定要垂直挖掘本领域，不断在情感的基础上，去做延伸和多角度处理，做你擅长的事情。有人问："老师那我这样做是不是会越写越窄，也不能追热点了呀？"当然不是，恰恰相反，这样做能更好地追热点。比如还是"女童举吊瓶参观衡中"这个热点，你就要从自己的身份出发，去处理这个热点。如果你是一个亲子专家，那就从亲子的角度去讨论，例如父母的角度。有自己的定位，那所有的热点你都能结合自身情况去追，而不是盲目跟风。明确身份，恰恰是为了更好地追热点。

第二，超越认知和年龄范围的话题，不要轻易涉及

你 20 岁，就不要强行把自己的受众人群定位为 40 岁的中年群体，你写出来的东西，无非就是拾人牙慧的二手观点和素材，如果要写 40 岁的中年群体的事情，就一定要把这件事变得和你有关，否则，就是在盲目跟风，变成写作消耗。

第三，收拢与新媒体写作无关的个性

比如过于细腻的文笔，过于委婉的描述，过于传统的文章风格。新媒体强调个性，但是个性是建立在基本的逻辑和价值观的基础上，一味强调个性其结果往往会适得其反。让个性成为亮点，是锦上添花，而不是全部都是个性。要牢牢记住新媒体文章的两大核心：场景化的故事素材和明确的观点。所有的个性都是建立在这两点之上的。

亲密场景的另外一部分内是写作的原生环境的定位。

"原生环境"就是你目前最熟悉的环境，在这个环境里，你要进行场景的识别和归纳，我们之前也说过这些概念，如果你是家庭主妇，那你的原生环境就以家庭为核心，家庭又包括厨房、卧室、孩子、丈夫、老人、商场、菜市场、小区物业……比如前段时间比较受欢迎的《婚姻好不好，看看厨房就知道》《菜市场，最见人心》等，就是基于这样的原生环境而创作出来的代表性作品。

对原生环境进行最少十个类别的归纳（例如：出租屋、地铁站、商场、办公室、微信朋友圈、聚餐场合、兴趣爱好圈子、热门影视剧观后感、热门话题讨论等）从而将最熟悉的生活场景变成写作素材的来源，那么人和事物就都是创造话题的现场。

前段时间我看到有的同事只想着把写完的稿子赶紧排好版下班去玩儿，一直催着忙到快死的责编审稿，我就有了《催催催，整天就你忙！》这个选题的创意。

大家要始终绷着一根弦，有这样的意识，与其整天耗尽脑细胞找选题，不如学着观察周边的人和事，从细节里去发掘选题。

新媒体做定位的核心问题二：评估从属价值

"怎么追热点"是学员们问得最多的。

这里要明确一点的是，"热点"只是一种文章之外的附庸，而不是文章的核心文本和核心价值。怎么追热点？

来举个例子，拿前段时间的国产剧《都挺好》来说：

亲子类作者追热点，就是写中国父母和子女之间的一些关系，如《苏大强如何如何：中国父母，分三层》《好的家庭，父母都很作》等；励志类的作者追热点，就得是《不想活成苏大强，年轻时要做到这三点》《你现在的不努力，老了就都成了打脸的证据》；影视品论类的作者则会写《这部国产剧，火了！》《倪大红的崛起，流量明星们又一次被打脸》等。

你会发现，每个人因为身份的不同，会找不同的角度和落点去追热点，而不是傻乎乎地写《都挺好，这部电视剧真好看！》这样的文章，那你是在替人家宣传和做广告，对你自己完全没有任何好处和价值。

拿文案创意处于业内顶尖水准的杜蕾斯来说。

2012 年之后，杜蕾斯的文案团队忽然"觉醒"，一句话也在网上不胫而走：论文案，只服杜蕾斯！我们来看看杜蕾斯是如何在感恩节同时"调戏"众多品牌的吧。

在上午 10 点，艾特了绿箭。文案是：亲爱的箭牌口香糖，感谢你。这么多年，感谢你在我左边，成为购买我的借口。

在上午 11 点，艾特德芙巧克力。文案是：亲爱的德芙巧克力，感谢你。因为你的怦然心动，才有了我的初次登场。

在下午 3 点，艾特了美的电饭煲。文案是：亲爱的美的，感谢你。感谢你让生米煮成熟饭。

你看，这些文案让我们拍案叫绝的同时，细细分析一下就会发现，文案最精妙的地方在于，其中涉及的所有事物，都是和杜蕾斯本身建立了关系的，而不是生硬的抖机灵。这一点便是我们要讲的，追热点的核心。

热点的核心是"点"。

新媒体做定位的核心问题三：识别核心痛点

除了热点文章以外，总有一些题目或者观点似曾相识的文章在我们的朋友圈和手机客户端出现，我举几个简单的例子：

《上不上名校的区别，比人和狗的差别都大》

《时代抛弃你，不会跟你打招呼》

《读书和不读书的人，有什么差别》

《没有仪式感的家庭，养不出有出息的孩子》

《父母99%的付出，都是无用的》

《对不起，善良不是我的义务》

这几篇文章类似的话题点，想必大家多多少少都看到过，或者见到过类似的标题。

为什么这些文章会受欢迎呢？

因为这些话题当中隐藏的痛点。

痛点是我们一直在强调的东西，也是新媒体最为核心的一个问题，从字面意思上来说，痛点可以理解为触动，它包含了引发人的反思、强烈赞同、强烈反对、焦虑、矛盾……多重情感。

《时代抛弃你，不会跟你打招呼》背后是精准点出了个人因社会高速发展而表现出的焦虑感；《读书和不读书的人，有什么差别》点出的是碎片化时代下，人们对知识的渴望；《对不起，善良不是我的义务》指向了道德绑架。

可以说，每一个成功的标题后面，一定是直击了一个群体，甚至是一个时代的痛点，继而引发了共鸣。

就拿《上不上名校的区别，比人和狗的差别都大》这篇文章来说，同样的题目有《学历不重要，是最大的谎言》《每个学生心里都住着一个985》《我二本毕业，年薪百万，想读名校的研究生》等。

这背后的逻辑都是一样的，都是大家在社会上摸爬滚打之后，发现学校和学历的重要性，对这个东西越来越认同，对那些声称只看能力不看学历的观点的一种反思与思辨。

如何在做常规选题的时候，去识别核心痛点呢？

不妨遵循这几个原则：

争议原则

要让文章有讨论的话题点。这里的争议原则是指：具有争论价值的话题和选题，而不是指那些以博取眼球为能事，故意用一些三观不正的理论来博眼球的选题。如上面我们说的学历重不重要、家庭需不需要仪式感、父母究竟应不应该把孩子放在第一位……这些问题都是开放式的，都是有争议的，但都是可以说的，这些都是没问题的，且是十分有发挥空间的好选题。但如果你写"人就应该自私""婚姻就是交易""爱情根本不存在""女人应该把讨好男人作为必修课"这些荒谬理论，那就是博出位、无底线、毁三观，这些是要杜绝的。

大众原则

和大众的情感诉求相吻合。我们之前也在其他方面说过这个问题，就是文章一定要建立情感关联。那这个情感关联是怎么建立的呢？一个学员在群里说自己写了一篇在海边看日出的文章，描述得很详细，天色、环境、变化、层次，但这样一篇文章就只是一篇类似于散文一样的东西，它不是一篇新媒体文章，因为它不符合新媒体文章的共情、传播等要求。那这篇文章如何与大众建立情感共鸣呢？比如说，你之前写的题目叫《海边的日出》，那这篇文章基本就废掉了。除非你是徐志摩，除非对方是文艺青年，或许这篇文章会被他点开，但是大多数人不会看这样一篇跟他毫无关系的散文，这个时候就要求情感连接。

题目首先就要做出修改，比如最简单的《看了一场日出后，我明白了做人的三个道理》。这是一个比较普通，却是标准的情感连接式的标题，为什么？因为"做人的三个道理"，那别人就有可能点开去看看。但这样的题目还不是很好，因为痛点还不够痛。如果你进一步写《看了场日出，我活明白了：最好的人生，就这三点》前面是做人，后面是好的人生，"好的人生"指向性更加明显，指导性更高。这样一下子就跟读者建立了关联。这不是"标题党"，这是阅读心理学。违背人性本身而选择"自嗨式"的写作，没有意义。

唤醒原则

好的标题能唤醒人心。无论是《一个人废掉的三种迹象》《人到中年，不用你可怜》这样的消极高唤醒，还是《越努力，越幸运》《你不优秀，认识谁都没用》这样的积极高唤醒，题目一定要把浑浑噩噩的读者从现状当中暂时剥离出来，带着他们去反思，去重塑自己，修补自己，完善自己。

唯有这样，你才能获得别人对你的认同。假如你写一篇《你要努力，只有努力才能成功》这样的文章，八成读者会组团来揍你，说"这还用你来告诉我？"可同样的话，如果你说《哪怕努力没有回报，但是爽啊！》，语气就非常强烈了，而且非常有个性，读者才喜欢。

痛点不是让大家真的痛，而是产生触动。

新媒体做定位的核心问题四：打造情感落点

所谓的情感落点，就是一篇文章的具体立意。

比如上面我们说到的《你要努力，只有努力才能成功》，这个标题为什么失败，就是因为标题当中没有体现情感落点，空喊努力，空喊口号，啥也没说。《哪怕努力没有回报，但是爽啊！》这样一个修改后的标题，为什么好呢？因为它让情绪有了一个宣泄的口，"爽！"就是我也知道努力可能跟成不成功没啥关系，但是我努力了，最起码我尝试了，最起码我不后悔，最起码我爽啊！这个爽，既有豁达的一面，也把那种倔强和不服气的情绪。

这就是情感落点。

情感落点的打造，大致有这样几个方法：

第一，把一切务虚的观点务实处理

什么是务虚？人生、理想、爱、努力……都是虚的。一个男人对一个女人说"我爱你"，这是虚的，你怎么证明爱？男人说："房产证写你名、银行卡都给你、衣服我来洗、孩子我来带。"这才是真的我爱你，大家明白了吗？就是你所有的观点都要是实在的，大家能找到参照物对比和比较，来做出判断的。比如最常见的字眼"努力"这个词，努力就是个虚头巴脑的词，所以你要将它具体化，让它可以和其他的事情进行对比。比如"无效的努力""口头努力""自嗨式努力"……因为有了具体的限定，虚的东西变成了实在的东西。我们为什么要拿绿色来形容春天？这就是一个典型的具体化的例子，春天太缥缈了，必须加以具体化，绿色是最典型的特征，所以用它来代替春天。

第二，真实的场景、真实的逻辑

我以往不断强调，逻辑要务求真实，唯有这样，才能真正打动读者。比如说，你写了一个励志故事，一个人坚持到最后成功的故事，那这样的故事就一定不受待见，为什么？这个逻辑太简单粗暴了。很多情况下不是你坚持就能取得成功的，所以要在故事当中设置一些环节，比如《成为千万富翁那天，他的日记本上写了2400个"再坚持一下"》，那你就把坚持这个虚的东西具体化了，也就是我们的务实处理的方法，就打破了简单粗暴的"努力就成功，坚持就成功"的胡扯逻辑，一下子就让人觉得有信服力了。

第三，让读者有参与的可能，产生"要是我这样……"的潜意识

好的文章，读者都是全程参与其中的，参与故事、参与文章所要传达的价值观。这就要求作者在行文的时候，多使用一些小技巧，如题目上"你""我"这样的代词，在文章当中隐去自己这个多余的身份，不要老是"我认为……""我觉得"，不要让读者跳戏，让他们全程沉浸。故事要符合场景化的要求，做到简洁明白，不拖泥带水。观点要干脆强硬，不要以商量的口吻说给读者听。文章要埋伏情绪点，要不时抛出一些能挑动或者牵动读者情绪的金句，要把他们不断地拽到文章当中去，让他们有种想亲自"上阵"的感觉。

第十五章

打造自己的个人写作 IP

今天咱们来说一说，打造个人写作 IP 的话题。

IP 指知识产权（英文 Intellectual property 的简称），想必大家都知道它的意思。在这个信息时代下，尤其是 5G 时代触手可及的当下，作者应该如何去打造自己的 IP 呢？

首先，在回答这个问题之前，大家要弄明白两个问题。

第一个问题：为什么要打造 IP？

第二个问题：打造 IP 要有哪些基本条件？

我还是直接说吧。打造 IP 就是要获得表达资格和话语权。为什么？假如你无法将自己打造成为一个有影响力的 IP，那么你说的话最多仅限于朋友圈，你的影响力也仅限于这个狭小的朋友圈，而无法在更广大的范围里有所成就。这个问题很简单，不用多做解释。

第二个问题，打造 IP 前要有哪些基本条件？我们先来简单归纳一下这个问题，打造 IP 前，首先，你要有能发声的渠道，例如你写了一篇文章，能不能被一个千万大号的微信编辑看到、有没有途径能递交给《人民日报》微信公众号"夜读"栏目的审稿编辑，有没有强力的推荐和曝光的机会……其次，你要有确立这个 IP 能立住脚跟的多重平台背书，例如，你是不是有影响力大号的签约作者或者优秀学员、作者，有了这样的身份和背书，别人才会更加容易认可你；你是否有自己的微信公众号、今日头条号或者其他自媒体平台，有意识地聚合自己的影响力并经营这份影响力。最后，形成自己独有的 IP 语言和风格。

回答了这两个问题之后，我们再回到原点：如何打造自己的个人写作 IP？

打造个人写作 IP 包含四部分内容：

一、明确个人定位；

二、垂直聚合内容；

三、借力优质平台；

四、持续变现意识。

一、明确个人定位

我在和很多写作者的日常接触当中，被问到最多的问题之一就是：我是不是应该赶紧去弄自己的微信公众号，去申请头条号啊……

这些是很重要，但不是首要考虑的东西。

有人没有微信公众号也一样有很多粉丝，有很高的知名度，平台和外部的东西很重要，但不是最核心最基本的东西。

那么，什么才是最核心最基本的东西呢？

你是谁，你的读者（潜在读者）是谁，你擅长与不擅长的内容分别是什么……这些才是最核心最基本的东西。

经常刷今日头条、知乎、百家号的人可能知道，今日头条在给优质写作者进行验证的时候，往往会给作者一些称号，比如"青云计划获得者""亲子领域优质创作者""情感话题领域优质创作者""美食领域优质创作者"……为什么要给这个标签呢？

一是为了明确你的身份，二是方便读者在读完你的一篇文章后选择是否持续关注你，假如这个读者很喜欢你，那么他会根据你的身份和标签，选择是否持续关注你。比如今日头条的王刚，是美食领域的优质作者，那么你在头条看到王刚做了一道很棒的家常菜，觉得不错，那你会点进去看一看他其他的作品，觉得还不错的话，会果断关注。这就完成了一个身份识别的全过程。

但假如，你看到这个人做了一道菜，点进去发现，这个人一会儿做菜，一会儿又写鸡汤文，一会儿又带货，乱七八糟，什么内容都有，而且有的内容一看就是糊弄事儿的，那你可能就不会选择关注他。

就是这样一个道理。

明确你是谁，就是要求精准找到自己的定位，情感类作家、职场类作者、亲子类作者还是其他，有人说，文章好不就行了，我的回复是"还真不行"。一个人必须有自己的定位，古往今来的作者莫不如此。你让陶渊明写"安得广厦千万间，大庇天下寒士俱欢颜"，那不是他的风格啊，一本正经的杜甫才这么干，李白就更不可能了，"腰缠十万贯，骑鹤下扬州"才是李白的做派对不对？"采菊东篱下，悠然见南山"这才是陶渊明的风流才情。

所以，搞清楚，你是写情感文还是写观点文，你写的文章是给年轻人看的励志类情感文，还是给中年人看的慰藉类情感文，是两性话题的观点类文章还是亲子类的观点性文章。

假如你还没结婚，强行去写两性情感类的文章，那写出来的东西肯定很浅，难以为继。所以有些题材就不大适合现阶段的你，因此，先彻底地梳理一下自己的现状，给自己一个公允的定位。

唯有定位清楚这一点，你才能知道自己的读者在哪里，你想让所有的读者都成为你的粉丝？怎么可能，不用讨好每一位读者。

除此之外，更要精准识别你的读者群。其实新媒体的写作，并不是在讨好读者，而是在识别了你的读者群之后，同这群人打交道。

接下来才有可能有潜在的读者进来关注你。

这是一个一步一步循序渐进的过程，不要上来就想让所有的人喜欢你。

二、垂直聚合内容

你知道了自己是谁、读者群是哪些，以及明白了自己擅长和不擅长的领域，接下来，就要根据这些已经搜集到的信息，去做内容生产工作了。

内容生产工作有什么要注意的呢？如何更好地为 IP 服务？

内容生产工作要注意的就是小标题当中的两个关键词：垂直，聚合。

什么是垂直？就是纵向领域深挖，如王立群，研究《史记》的著名学者，他在研究《史记》这一门学问上，花费了大量精力，把《史记》研究得很深。研究《史记》看起来很局限，但是实际上却是以点带面的高级做法，你研究《史记》，首先上古到汉代的学问要研究吧？《后汉书》要参考吧？后世学者研究《史记》的文章要旁征博引吧？

实际上你要学的、了解的绝对不会局限于这本书，但你的根基在此。根深蒂固，然后才会一树花开。

这就是聚合。

我们说，垂直聚合内容，就是要让你成为某个领域有钻研的人物。

比如说，王立群，研究《史记》；易中天，读《三国》；马未都，古玩玩家；阎崇年，清史专家……你看，每个人都有自己的标签，到你这儿呢？写文章的。

完了。

就是因为定位不准确，导致无法对内容进行深耕细作和深度的垂直聚合，以至于你写文章的时候，着急忙慌找素材，苦苦思索该写什么东西，浪费了大量不必要的精力。

我们来对比下面两个人的状态：

第一个人：第一天，写篇文章吧，写哪方面的文章呢？第二天，要不写个两性情感类的吧？第三天，想不起来写什么，干脆写个职场吧……

第二个人：第一天，写"婚姻的好坏标准"这个系列的文章吧，今天就从最常见的厨房开始写，《婚姻好不好，看看厨房就知道》，这个系列可以深挖，因为除了厨房这样最常见的家庭场景，还有很多，比如卧室、衣柜……第二天，《卧室，是婚姻的一面镜子》；第三天，《打开衣柜，我明白了婚姻真正该有的模样》。

对比一下，不管是作者还是读者，第二种方式显然更加节省精力，同时，更加有深度。婚姻的话题，不说有一万，也有八千。其他话题皆可以此类推。那日积月累，你的标签就是全网情感文之王，或者全网情感文超级作者，而不是，作者某某某。

你"狭隘"了，也就"宽广"了。

三、借力优质平台

在网络巨头已经将流量瓜分殆尽的当下，个人的力量已经很难再与平台进行对抗。

这个时候，我们要学会借助优质平台的力量，去为自己背书，去为自己的文章和个人，寻找出海口。

什么是优质平台？

1.体量大；

2.流量大；

3.拥有变现能力。

结合上述三点，基本上合格的平台就几家：微信公众号、今日头条号、知乎号、百家号。

其中，知乎适合做知识分享，偏重于长篇、系统、专业领域的人；百家号更偏重于作者个人形象观点的风格化打造；剩下的两个，就是目前变现价值最高的平台，即腾讯的微信公众号和今日头条的头条号。

这两者有差别吗？

有。

微信是国民应用，虽然目前确切地说，也呈现出一些疲态，社交性减弱，但不可否认的是，它仍是目前变现能力最强的平台。

如何利用微信平台进行变现呢？

微信和今日头条不同的地方在于，它是闭环生态，而不是开放式的。比如，在微信当中有"十点读书"、有书、《读者》

这样的文摘类大号；还有像视觉志这样的视觉类账号，它们都将流量聚集在了自己的私域。而今日头条则呈现的是信息流，就像我们上网搜索信息一样，所有的信息都是平等展示在读者面前的，并且还会根据你的喜好，为你推送你可能会喜欢的内容。这两个平台一个封闭，一个开放。

所以，在对待这两个平台的时候，就要采取不同的手法。

针对微信的封闭性，就要求作者"抱大腿"，也就是找到体量最大、影响力最大的头部公众号，然后利用平台的影响力为自己背书。最直观的一个表现就是获得该平台"签约作者"的认证，这个认证就是你写作之路上很关键的一个台阶。

我给大家讲一个最简单的案例，我们第一期的学员，有的靠自己的努力，实现了从成长营签约作者到《读者》新媒体签约作家的转变，与此同时，协助我帮助其他学员上稿，又拿到了讲师的身份，最后拿到了外聘导师的资格，自己开班授课；有的还在单位凭借这些发表的文章评上了职称，实现了作者和知识、职级的多重变现。

假如你没有这样的身份，你说自己是个很厉害的人，那别人会问你，你怎么证明？别人根本不会信任你。

假如你无法一下子签约大的平台，可以先从小的平台，比如一两百万粉丝的公众号，从签约作者开始一步步来，写出一些作品后，逐渐往上走，再建立自己的平台和品牌，发展自己的粉丝，开通流量主，实现内容变现，最后被出版商关注，邀约出书，变现。只强调个人是没有意义的，要学会借力。

而今日头条，就要求你在某个领域持续进行创作，我们这么干是要做什么呢？争取"青云计划"。今日头条近来对原创优质作者的扶持力度很大，第一个青云计划的奖励是一千元，而且会在推送的时候进行认证，后面的青云奖一个奖励三百元，鼓励作者在某个领域进行深度创作。

今日头条的一大好处就是，假如有个人点了一篇你的文章，那下一次他打开手机的时候，通过系统算法，他大概率会再收到你其他的文章，你能获得更大的曝光度和被关注的可能性。

从封闭的微信拿签约作者，开放的头条拿青云计划。

只要在这两个平台中的其中任意一个深耕细作，或者左右开弓，必定能够有所斩获。

四、持续变现意识

写作有很多原因，我们不讨论，我要跟大家强调的是，如果写作无法为你带来变现，那写作的意义将大打折扣。

写作最核心的一个结果，或者考量标准，就是你的变现能力。

那么如何进行变现呢？

这是个不太好说的话题，我们只提供一些思路和可行性建议。

明白文本的核心价值

写作并不是一门只针对自己的艺术活动，通过写作变成更好的自己，这本身无可厚非，甚至是应该被赞赏的。这些我们在前三点已经说得很明白了。

一切的变现前提，都是基于 IP 的不断孵化

我在之前的课堂上跟学员讨论过这个观点。我说，玩微信最火的这批人，都是当年微博带过来的那拨人；通过今日头条火起来的这拨人，又是从微信上带过去的一拨人；玩抖音最火的一拨人，又是当初拍短视频最火的那拨人。大家想想是不是。

为什么？

问这个问题之前你反问一下自己，如果微信、今日头条、抖音都不火了，一个新的社交媒体崛起，你能不能抓住风口，成为第一批分蛋糕的人呢？

前提是，你要有写出变现文字的能力，你的文字文章，知识增量够不够多，密度够不都大，你能不能带着你的粉丝另起炉灶，你能不能把此前的资源和影响力都进行转化……

因此，变现的一个最重要的步骤，就是当下资源和影响力的积累，你既不是某平台的签约作者，也没在大平台写过文章，更没有任何履历和头衔，甚至连改变的想法都很少，那你怎么可能指望自己的这个 IP 实现变现呢？

而这一切一切的前提，是你要给自己一点时间、一点思路。去做这件事情，它并不复杂，但需要你一直付出：一是做好当下的事情，二是为将来蓄力。

第十六章

高效阅读，是写作者的基本功

我记得自己在做第一份工作的时候，带我的师傅给我安排的第一项任务就是，每个月阅读不下于三十万字的纸质书内容，他跟我说："如果不能维持这样的阅读量，你很可能一个月下来，就把自己写空了。"我一个刚毕业的大学生，踌躇满志，自命非凡，毫不客气地驳斥了一下："放心，不可能写空的。"

结果，不到三个星期，我就感觉写东西的时候，写出了似曾相识的观点，利用了重复的素材，于是我老老实实开始看书了。

现在想想，这是多么无知的"愣头青"说的话啊。

阅读是写作的前提，是土壤，在这片土壤之上才可能长出粮食谷物，如画江山。庄子有句话说："吾生也有涯，而知也无涯。"

写出来的东西，始终是有限的，有数的。但这样的有限、有数的根基，是在"读书"这个无限、无数的基础之上的。它给作者的写作提供了素材和观点的来源，而高效的阅读，则会为一篇文章提供新鲜有趣有料有深度的素材和观点。

例如同样一个话题，励志的话题，阅读量少的人就只能举出李白铁杵磨成针、匡衡凿壁偷光等这些课本上的老例子；阅读量再多一些的，可能接触到了摩西奶奶、埃隆·马斯克这样的素材，但等你阅读量多了广了之后，这些案例你是无论如何也不会当成至宝了。

为什么，因为不是它们不好，不对，而是这些例子老生常谈，几乎 10 岁的孩子都知道。

没意思。

如何让文章有意思？这才是重点，这需要你进行高效的阅读。

举个例子：

最近这两天我正在看英国学者罗伯特·科尔维尔写的《大加速》，这本书里的信息量很大，讲的是关于当今时代正处在一个大加速的时代，快节奏正在给我们的时代带来方方面面的改变。这是书的大主题。

而这个时候，你需要思考这样一个问题，你是一个写作者，读完这本书，除了了解到作者的意图之外，还有哪些所得所获呢？

不知道这个问题大家之前想过没有？

这本书的第一章是永不停息的革新。我看完后，圈出了这样几个有意思的案例：

1. 今天的个人电脑价格是 1981 年的六分之一，计算能力却是当时电脑的五百倍；你家里使用的冰箱的计算能力，可能已经超过了阿波罗 11 号宇宙飞船的计算能力。大家看，这是不是一个"认知类题材"的绝好案例，我们可以通过这个案例，引申出你认为并不一定对的观点。

2. 19 世纪，詹姆斯总统发一份快递到加州需要半年。后来随着科技发展，出现了"驿马快信制"，当时一则广告广为流传：招聘 18 岁以下瘦小、结实的年轻人，必须是专业骑手，愿意每天冒死亡危险，孤儿优先。这则案例和今天的快递业科学发展带来的越来越便捷的生活方式又是何其相似，你可以得出"快的事物必将取代慢的事物"的结论。

3. 塞缪尔·莫尔斯发明电报前 30 年，一个英国人就已经在家中展示了电报通信的原理，却被资本家拒绝了……后来埃隆·马斯克创立"特斯拉"，阻挠者最终将在新的事物面前落后，通过这些故事，你可不可以得出不进则退的道理呢？

4. 美国最传奇的企业，奈飞崛起故事的背后。

5.《财富》杂志。从 1956 年到当下，有哪些公司被 500 强强行挤出局？

最少有 15 个这样的案例，是我在之前从来没接触过的素材。

这些素材大家看有什么特点？

第一，新鲜，有趣。

第二，尽管大多数人不知道，但是素材的主题大多是世界级的名人、大公司、大事件背后的故事，有料有吸引人的噱头。

第三，读完感觉学到很多东西，而不是又读到了我以前读过的一个毫无新意的故事，有一种有增量有阅读的满足感。

第四，我花钱买的，有门槛的知识。

我反问自己：这样一本书读下来，我能积攒多少有意思、新鲜有趣、有增量知识的案例呢？怎么说也得有一两百个吧。这些故事可都是作者花费数年之功写出来的，一朝之间，为我所用，这种事情跟捡了一个天大的便宜没什么分别。俗一点儿来说，我拿这些素材写几篇文章，找几个落脚点，轻轻松松就能获得十倍百倍的稿酬回报。

上面这个案例就是我要跟大家说的高效阅读重要的一个概念：获取增量的二元价值。

增量的二元价值

增量好理解，就是一篇文章当中，那些好看的、不被用烂了的、有料有趣的素材和观点。

增量的二元价值，什么意思？

所谓的二元价值就是"素材 + 观点"，再直白一点来说，就是你看到的，假如是个故事，那么通过这个故事，你能得出什么样的观点来匹配？假如你读到了一个很好的观点，那这个观点有没有好的故事案例与之相佐证？这就是增量的二元价值论。

任何一个有价值的故事，都是"素材 + 观点"二元结合。

空有素材，油腻；空有观点，干巴。

所以，我们读任何文字，其目的只有一个：获取增量，获取该增量的二元价值。

例如看下面这段描述：

王阿姨为了孩子多年来省吃俭用，孩子考上大学却和父母反目成仇，原来孩子的人格是从小就只知道学习，不懂感恩，不懂得和人交往，活生生被培养成了一台学习机器。

这个故事就是一个故事的一元，其背后的观点就是二元，如果你的二元观点是：父母要兼顾孩子的德智体美来培养他，那这个二元观点就是在说"绝对正确的废话"，谁不知道要德智体美全面培养，但现实当中可能根本没这个条件。

而假如你跳出这个空谈道理的角度，找到新的角度，如：一个很残酷的事实，父母百分之九十九的付出都是没用的。那这个观点就要有意思、有深度得多。既有角度，也有立场，而不是一个空空如也的大道理。

因此，无论是你先读到了一个故事，需要得出观点，还是读到了一个观点，需要找到一个素材去对观点进行匹配，你要做的不是把你脑子里面，那些已经存放了几十年的陈芝麻烂谷子拿出来去说服别人。你要做的是提供新颖的有独特角度的新说法、有趣有料的新故事，找到第三、第四、第五落点。

如何做到这一点呢？如何做到观点又新鲜，案例又精彩？

答案可能令每个人都大失所望。

没有任何捷径，就是大量阅读。

一个读字说来简单，其实是最难的。因为我发现，很多人现在根本就不读书也不读文章，普遍存在的一个观点就是：

我可以写，我凭什么要看别人的文章、别人的观点、别人的文章模型，这不是等于承认我自己不如别人嘛？

有这种想法的人非常多。

我当初也有这种想法，事实证明，有这样的想法不可怕，但不改变这样的想法，注定写不出什么好的文章，成不了像样的作者。

那么，怎么读才能高效呢？

我总结了三点：

第一，读专业领域口碑较好的、较新的书

这类书有几类典型的特点，首先是口碑好，像豆瓣、知乎推荐的口碑在 8 分以上的，3 年以内的文学类的新作品，如，贾平凹唯一推荐的通识类的《夜航船》、麦家的《人生海海》等；再次是各大出版社（中信、博集天卷、北京联合出版公司）重点推荐的年度畅销书，主要是人文社科类的，如我提到的罗伯特·科尔维尔的《大加速》、吴军的《见识》等；再次是各大图书网站，如京东、当当，每周每月打榜的畅销书，如松浦弥太郎的《100 个基本》等。要注意，读上述书的时候，要对书的内容进行初步判断。社科人文类的就比较适合，每章都有不同的主题，案例素材也贴合时代，新鲜有趣有料，就比较适合用来当获取增量知识的有效工具和途径。

第二，好的微信公众号的文章

何为好？一个公号的体量要大，最少要是 500 万粉丝以上的大号，如思想聚焦、洞见、十点读书、有书、一星期一本书、《读者》……每天关注此类公众号更新的文章内容及趋势，把握最新的文章走向、文章题目的形式、文章内容的素材，以及价值观；如果你是情感类的作者，那就多关注十点读书；如果你是观点类的作者，就多关注洞见、《读者》……只有多看，才知道哪些是受欢迎的，是主流的。如何看？看文章末尾的"在看"数、留言，要养成记录各大号头条文章标题的习惯，养成审题、审美的习惯，知道好的标题发展的趋势；好文章都在用哪些素材案例，哪些素材案例是被用过太多次，应该被拟列入黑名单了；哪些观点看到太多，已经没有必要再讨论了。举个最简单的例子，《善良应该有底线》《不要随意评价一个人》等，这些千滚豆腐万滚鱼的观点，就不要再写了，没什么意思了。但你若是不看，就永远判断不出来什么是新的和旧的、好的和坏的。

第三，人情练达即文章

好的文章素材并非只从文章当中来，比如热播的《长安十二时辰》《少年派》《我是余欢水》……或者某个综艺节目、电影，某个刷屏的短视频、新闻，抖音短视频里某个扎心的句子……都可以用来当成素材，刷手机是可以刷出来好素材的，只要你有心。一个电视剧的情节、一个电影的片段，一个主人公的某句话，都可以是点燃一篇文章题眼的绝妙素材。所以，我常常告诫大家，也不止一次跟大家说过，真正用心的人，连玩手机都是带着选题意识的，我不知道这句话的用意大家是否领会得很透彻，但是有一点，我要再次强调：文章的新鲜感很大程度上体现在我们当下所接触到的、所看到的、感受到的信息上，而不是体现在几千年前的说教故事、几百年前的名人轶事上。文章合为时而著，什么是时？就是时代，当下之意。我们用这些影视剧、综艺、新闻的目的，就是要用新的事物代替老的事物，用接地气代替端着，用身边的人和事代替久远的人和事。

举个最简单的例子，你上班的路上跟同事说："你看今天那电视剧了吗？"那你们可能就聊起来了。但如果你问："你觉得庄子是否陷入了哲学的相对论？"对方八成会觉得你这个人不合时宜。所以在这点上，一定要有个正确的认识。

以上所讲的任何方法，归为一点：通过一元来找另一元，也就是，好的素材要找到素材后的观点，好的观点要找到好的素材与之相匹配，唯有如此才是高效阅读应有的题中之义。

阅读不仅仅是阅读书，也不仅仅是看别人的文章，我们是通过阅读的方法找到写作的方法，再通过写作的方法获得表达的方法。

阅读是写作的基础，一个人千万不要迷信自己的才华和天分，读别人的文章并不是承认自己不如别人，而是要尽可能去通过外界的信息，来扩充自己的知识储备，扩充自己的思考体系和培养写作的语感。

写不好文章有很多原因。其中一定有一个原因是：你读得还不够多，甚至，你还没有开始阅读。

《红楼梦》里，宝钗有句诗说"好风凭借力，送我上青云"。这里大家需要思考的一个问题就是，风从何来？

宋玉在《风赋》里回答了这个问题，他说："夫风生于地，起于青蘋之末……"

如果要有风，就须有土地托举，有青蘋借力。写文章亦是如此，作为一个作者，你的文字需要有托举的力量。

第十七章

写作者需要拥有"读者思维"&"后退思维"

如果想要读者喜欢你的作品，那么在写作之初，就需要有一些"读者思维"在里面，用现在时髦的说法，就是要有用户思维、服务意识。要对你的用户进行分析，才能更好地服务你的用户。

常有同学说：

我感觉我的文章老是端着；

感觉我的文章很寡淡；

感觉我的文章别人总是无法理解。

是什么造成上述的现象？就是身为作者，缺少读者思维或者用户思维。

前面章节当中提及的，"自嗨型"的文章只关注自我，关注自己的内心活动，缺乏人与人之间共有的一些特质，比如，别人读完你的文章没有代入感，你的文章没有为一群人发声，没有提供知识增量。

说得再简单一些，"自嗨型"文章与功能型文章的差别就体现在四个字上：与我有关。

你写你和你的宝贝儿子的一天，你自己写得美了，别人觉得，跟我有什么关系？这篇文章中作者与读者的关系就是割裂的。

你能从跟儿子的相处中，得出教育孩子的几点心得，那这个就有可能赢得一些宝妈宝爸的认同和共鸣。

那么，我们说建立读者思维，首先要清楚哪些东西呢？

读者的阅读兴趣在哪里？

读者的阅读场景是怎么样的？

这两个问题决定了你的作品是不是符合读者的需求，能否引起读者的阅读兴趣。

老话说：学好文武艺，卖与帝王家。

别觉得"哎呀，我凭什么要去迎合读者啊？"凭什么不去迎合呢？如果这种迎合，是反映了成千上万人的合理诉求，是替成千上万的人正确发声，那这样的迎合就是值得的。

金庸当年在《明报》连载《神雕侠侣》的时候，原本是准备把小龙女写死，但读者寄了很多信到编辑部，强烈要求小龙女和杨过必须16年后再见，否则就取消订阅《明报》。金庸没办法，只能让小龙女死而复生。

这算是迎合吗？事实上，迎合的结果不也挺好的吗？就看你如何理解了。

好，我们首先来看看读者的阅读兴趣都在哪里。

通过分析，并结合前文提到的知识点可知，人们的阅读兴趣主要受下面三个方面影响：

一、好奇心的驱使；

二、获得一点小知识；

三、获得认同的需要；

一、好奇心的驱使

这是当下移动互联时代抢占流量和吸引读者视线的核心。我们每天不断地刷朋友圈、刷微博、看头条、看百家号，这些都是好奇心在作怪。所以，抓住读者的好奇心，去满足读者的好奇心，这就是我们的文字需要产生的作用。如此，我们的文字就需要不断地去"制造好奇"来满足读者的需求。例如我们提出的标题的"五大范式，三大原则"都体现了"如何吸引读者"这一点。

二、获得一点小知识

　　这点说过很多次了，就是知识增量。当下是一个节奏极快，且注重实用的时代，阅读也会受此影响。因此当人们阅读时，也想从文章中收获一点儿小知识，同时也放松一下紧张的心情。因此，在文章中适当地展现一点儿轻松的小知识，是非常有必要的。这也就是为什么不让大家用初高中课本里出现过的素材和案例以及名人故事，这些老套的素材已经无法吸引人了，所以你必须通过其他平台和渠道，去获得新的素材知识。这会让你的文章很新鲜，因为所讲的故事都是当下的，跟读者没有隔阂，同时会让文章很接地气。这也是我让大家平时多逛知乎、多看微博热搜的原因。

三、获得认同的需要

　　人是一种社会性动物，有相同认识和观点的会聚成一群，也会寻找有相同认识和观点的东西来阅读，这也就是常说的"人以群分"了。因为人的天性总想自己的想法和认识得到他人的认同，而人性还有一个缺点，就是对自己关心多而对他人关心少。所以很多作者容易不顾读者的感受，陷入自己的世界出不来。想要从自己的世界中走出来，就需要以读者的心态来考虑，寻找读者的兴奋点，以此为基础去创作，将读者紧紧吸引住。例如生活中的热点话题，一个让读者代入感强的形象或者有时代特色的事例等。

建立"读者思维"的另外一点就是，了解读者的阅读场景。

什么是阅读场景？

就是读者阅读时所处的环境是什么样的，是在专属的阅读场所进行长时间阅读，还是在嘈杂的公共场所进行碎片化阅读。就当下实际情况来说，公共场所的碎片化阅读越来越成为主流，比如吃饭的时间、坐公交车的时间、上下班的路上、睡觉前……而这样的阅读场景，导致读者很容易被周边的事物所影响，转移注意力，这也决定了读者只是浅层次的轻阅读。

因此在创作上要注意以下两点：一是抓住场景化描述，开门见山，直奔主题，表达简短，通俗易懂，切忌长篇大论；二是要多设置兴奋点吸引读者，对于篇幅稍长的文章，要尽量多设置一些吸引读者的兴奋点，让读者能在阅读中感受到兴趣的激发，放松身心。兴奋点可以通过展现故事的高潮，设置转折、悬念等方式来设置。

这一点跟看电影是很像的，电影开场 5 分钟内一定会设置一个小高潮，吸引你，中间再来段小音乐舒缓一下节奏，高潮来临之前，会有一段很平静温馨的场景来进行对比。电视剧也是这样，小说也是这样，新媒体的写作同样如此。我们在此前也强调过，设置情绪点、金句以及文章的引子起到振奋情绪的作用。

了解了读者的心理之后，如何根据读者需要来创作呢？这个问题，相信你在前面的内容中已经找到了答案，但还有一点也是非常重要的，那就是作者的"后退思维"。

人总是很喜欢评判他人，对他人下结论，要改变这习惯，就需要好好修炼。在写作中，作者往往带着自身的感情和观点在创作，但是这些不一定是读者喜欢的，读者关心的只是这和我有什么关系，这对我有什么用。

例如这两天，我看一个学生的稿子，一篇写杜月笙的人物稿，里面有两段这样的描述：

从小就过过苦日子的杜月笙，比任何人都要明白这些底层人生活的困苦。在他的心里，人从来没有什么阶级之分。

也正是因为这样，在整个上海滩，无论是西装革履的商人，还是汗布小衫的苦力，都会发自内心的尊称杜月笙一声"杜先生"。

我批注写的是：这都是你的个人臆想，你知道杜月笙心里想的是什么？你知道老百姓是发自内心称呼他先生，而不是惧于他青帮头子的身份？讲述的内容可以保留，但你个人附会进来的内容要删减，人们都喊他先生跟发自内心喊先生，是不一样的。你这个作者介入进来的个人臆断的东西太多了，过了。

不妨考虑在作品中不设立场，不带观点，以中立的上帝视角来对待作品内容，或只输出知识，或只描写事例，让读者自己去品评，去发表自己的观点，抒发自己的情感。

我常跟身边的作者说："写文章时，写作者不要突然蹦出来，用'我个人认为……'这样的表述，这样的表达会让读者非常反感，你要明白的是，读者只是想通过你的文章来看到自己的内心想法，而不是来听你絮絮叨叨。

"在你不是足够有影响力或是跟读者不是很熟悉的情况下，千万不要高估自己的人格魅力。"

如果你的文章只是在写你自己的爱恨情仇，那这个文章就是你的。如果这个文章和别人有关，就站在读者的角度，"和我有关"的文章的社会价值，就会凸显出来。

读者大学

帮助 1000 万人，进行智慧学习，终身成长

读者大学旨在建设一所用知识服务引领亿万读者智慧学习、终身成长的"智慧阅读"型的通识大学。通过线上线下结合的学习方式，把分散在日常及工作中的时间充分利用起来系统学习、聚焦学习、反焦虑反碎片化阅读。

线上——读者大学为学员提供从各行业提取的系统多元课程和矩阵式知识体系培养；
线下——读者大学组织来自不同行业领域的学员进行面对面的集体学习和共读分享。

读者蜂巢 APP

智慧学习、终身成长

《读者》自有的新媒体矩阵结合读者大学的内容生产体系，打造出内容文化的传播推广平台，实现让更多人通过读者来了解高质量的文化信息。

*** 备选内容：*

IP 孵化

通过线上学习方式，从职场技能、个人提升到 IP 培养、副业变现等多方面强化提升每一个人的自身价值

IP 孵化（即个人知识品牌训练营）旨在为想要拥有个人品牌、具备终身成长意愿的广大上进人群，全力打造属于你的个人品牌，助你拥有最值钱的影响力资产；更有《读者》联合多家外部平台给予的强流量与资源倾斜，从此坐拥百万粉丝，随时随地用你的影响力实现财富增长

作为知识 IP 孵化基地，读者大学为全国的 MCN 和知识 IP 需求平台提供优质的签约 IP